U0835584

BIAODIAN FUHAO
CHANGJIAN CUOWU YONGFA JIEXI

# 标点符号
# 常见错误用法解析

姚喜双
邹　煜　主编

语文出版社
·北京·

主　编　姚喜双　邹　煜
编　写　姚喜双　姚晓莼　邹沫佳　邹　煜

图书在版编目（CIP）数据

标点符号常见错误用法解析 / 姚喜双，邹煜主编. -- 北京 : 语文出版社，2021.11（2024.11重印）
ISBN 978-7-5187-1400-1

Ⅰ. ①标… Ⅱ. ①姚… ②邹… Ⅲ. ①汉语—标点符号—使用方法 Ⅳ. ①H155

中国版本图书馆CIP数据核字(2021)第199410号

| | |
|---|---|
| 责任编辑 | 金春梅　王　琦 |
| 装帧设计 | 刘姗姗 |
| 出　　版 | 语文出版社 |
| 地　　址 | 北京市东城区朝阳门内南小街51号　100010 |
| 电子信箱 | ywcbsywp@163.com |
| 排　　版 | 北京大有艺彩图文设计有限公司 |
| 印刷装订 | 北京市大天乐投资管理有限公司 |
| 发　　行 | 语文出版社　新华书店经销 |
| 规　　格 | 787mm×1092mm |
| 开　　本 | 1/32 |
| 印　　张 | 6.25 |
| 字　　数 | 124千字 |
| 版　　次 | 2021年11月第1版 |
| 印　　次 | 2024年11月第3次印刷 |
| 印　　数 | 4,001-7,000 |
| 定　　价 | 20.00元 |

010-65253954（咨询）010-65251033（购书）010-65250075（印装质量）

# 前 言

标点符号是辅助文字记录语言的符号，是书面语的有机组成部分，用来表示语句的停顿、语气以及标示某些成分（主要是词语）的特定性质和作用。然而，在标点符号的实际使用过程中，我们发现媒体尤其是社交媒体中仍有不少标点符号误用及不规范使用的情况。

规范使用标点符号不仅能帮助作者充分表达思想，也能使读者正确理解书面语言的结构关系和文章所要表达的意思。反之，如果标点符号使用不当，会增加读者理解的困难，甚至造成误解。

2011 年 12 月 30 日国家质量监督检验检疫总局、国家标准化管理委员会发布了最新版的《标点符号用法》（标准号：GB/T 15834—2011），于 2012 年 6 月 1 日起实施。

为了调查标点符号的使用情况，我们依据上述最新版的《标点符号用法》，利用语言信息处理技术，加上后期层层筛选，从中国传媒大学国家语言资源监测与研究有声媒体中心国家语言监测语料库 2013—2020 年近 140 亿字次的语料中挑选最易误用的标点符号用例，汇编成《标点符号常见错误用法解析》。

全书共收集 15 类、100 种标点符号常见错误用法。条目编排分为三部分：第一部分为标点符号用法解析；第二部分为媒体中的标点符号错误用例（主要选自《人民日报》《光明日报》《经济日报》《南方日报》《中国青年报》《北京青年报》《北京晚报》《新民晚报》《新京报》等报纸，以及新浪网、腾讯网、搜狐网、人民网等网站，媒体用例尽量保持原文面貌，只对个别文字错讹作了修改）；第三部分为修改后的标点符号使用示例。

希望本书能帮助读者朋友们正确、规范地使用标点符号。书中如有不当之处，敬请批评指正。

编者

2021 年 8 月

# 目　录

## 句号误用



## 问号误用

## 叹号误用



## 逗号误用

## 顿号误用



## 分号误用

## 冒号误用



## 引号误用



## 括号误用

## 破折号误用



## 省略号误用



## 连接号误用



## 间隔号误用

## 书名号误用



## 隐讳号误用

## 句号误用

### 1. 句号应放在引号内而误放在引号外

**用法解析**

如果引文独立成句，意思又完整，句末点号（包括句号、问号、叹号）放在引号里面。

简单实用的判定引文是否独立成句的方法是：如果前引号前是冒号，引号里又是一句完整的话，就算独立引用。

**媒体用例**

① 一些朋友劝他："在横店玩一把就可以了"。可他觉得这不是玩，而是在追求梦想。

② "好，我给你改"。12 万字的中篇，我把它改成 3 万字，也不行，勉强登出来。

**修改示例**

① 一些朋友劝他："在横店玩一把就可以了。"可他觉得这不是玩，而是在追求梦想。

② "好，我给你改。"12 万字的中篇，我把它改成 3 万字，也不行，勉强登出来。

## 2. 句号应放在引号外而误放在引号内

**用法解析**

引文不完整或引文作为完整句子的一部分时，句末点号（问号、叹号除外）放在后引号的外面。

如果引号前面是逗号或没有标点，就算作非独立引用。

**媒体用例**

① 谈起本次世锦赛的目标，傅园慧低调地说，她只要在自己参加的项目上都进入决赛就可以了，**“拼好每一场比赛就是我的目标。”**

② 郑熊，唐末宋初人，宋开宝四年（971），摄南海簿，他在广州五年，**自道“每食荔枝，几与饭相半。”**

**修改示例**

① 谈起本次世锦赛的目标，傅园慧低调地说，她只要在自己参加的项目上都进入决赛就可以了，**“拼好每一场比赛就是我的目标”**。

② 郑熊，唐末宋初人，宋开宝四年（971），摄南海簿，他在广州五年，**自道“每食荔枝，几与饭相半”**。

### 3. 句内停顿误用句号

**用法解析**

语意连贯的句子，停顿处应用逗号，而不是句号。

**媒体用例**

① 人们之所以对这些政策有质疑，甚至怪话连篇，并不是因为人们不愿意根除这些顽疾。**而是因为人们对政策能否真正药到病除产生了怀疑**。

② 女性患有糖尿病，不但遗传的风险比较大。**而且胎儿容易流产**，另外如果控制不好血糖，还会造成胎儿畸形。

**修改示例**

① 人们之所以对这些政策有质疑，甚至怪话连篇，并不是因为人们不愿意根除这些顽疾，**而是因为人们对政策能否真正药到病除产生了怀疑**。

② 女性患有糖尿病，不但遗传的风险比较大，**而且胎儿容易流产**，另外如果控制不好血糖，还会造成胎儿畸形。

## 4. 疑问句误用句号

**用法解析**

疑问句（包括反问句、设问句）末尾，应该用问号。

**媒体用例**

① 申军良回忆，有一次儿子哭得很厉害，抱着申军良，哭湿了整个肩头。“**这么多年了，他再哭的时候，还会有人抱抱他吗**。”

② 换个角度看，倘若事先都能准确知道哪只股票何时上涨，甚至清楚能涨到什么价位，**岂不人人可以坐享其成静等发财了吗**。

**修改示例**

① 申军良回忆，有一次儿子哭得很厉害，抱着申军良，哭湿了整个肩头。“**这么多年了，他再哭的时候，还会有人抱抱他吗**？”

② 换个角度看，倘若事先都能准确知道哪只股票何时上涨，甚至清楚能涨到什么价位，**岂不人人可以坐享其成静等发财了吗**？

## 5. 直接引语中间插入的提示语误用句号

**用法解析**

引用话语中间插入提示语，提示语后使用逗号，不用句号。

**媒体用例**

①“这样的观点交锋，实在出乎我的意料。”**徐冠华说**。“但是，中国知识分子确实有着强烈的国家责任感和执着追求真理的精神。面对中国未来发展的严峻挑战和对自主创新涵义的全面理解，大家通过激烈的争论，最终统一了认识——不进行自主创新，中国没有前途。”

②“我还加入了好几个 1 型糖尿病患者群。有个 500 人的患者家长群，群里很压抑，大家心情都不乐观。”**李月说**。“我们这样的家长都背着沉重的包袱，最大的目标就是让孩子能和健康的小朋友一样生活。目前小宝很乐观，能参加体育课和军训，但不知道青春期会有什么变化 。”

**修改示例**

①“这样的观点交锋，实在出乎我的意料。”**徐冠华说**，“但是，中国知识分子确实有着强烈的国家责任感和执着追求真理的精神。面对中国未来发展的严峻挑战和对自主创新涵义的全面理解，大

家通过激烈的争论，最终统一了认识——不进行自主创新，中国没有前途。”

②“我还加入了好几个 1 型糖尿病患者群。有个 500 人的患者家长群，群里很压抑，大家心情都不乐观。”**李月说**，“我们这样的家长都背着沉重的包袱，最大的目标就是让孩子能和健康的小朋友一样生活。目前小宝很乐观，能参加体育课和军训，但不知道青春期会有什么变化 。”

## 6. 图表说明文字末尾误用句号

**用法解析**

插图或表格的短语式说明文字，中间可用逗号，但末尾不用句号。即使有时说明文字较长，前面的语段已出现句号，最后结尾处仍不用句号。

**媒体用例**

①

（示意图）

徐召伟给元宝足球队员上课。

②

（示意图）

疫情期间，“疫查通”在龙华区基层广泛使用，市民自主扫码，亮“码”即可通行。

修改示例

①

（示意图）

徐召伟给元宝足球队员上课

②

（示意图）

疫情期间，“疫查通”在龙华区基层广泛使用，市民自主扫码，亮“码”即可通行

## 7. 句内括号文句末尾误用句号

**用法解析**

句内括号中的文句末尾通常不使用句号，有时句内括号中不止一个句子，行文中间已经用到了句号，其末尾仍可不用句号。

句外括号中的文句末尾是否使用句号，应根据括号中文句的结构来决定：如果括号中的内容较复杂，文句较长，则使用句号；如果括号中的内容是词语，不是句子，则不用句号。

**媒体用例**

① “三区三州”（**“三区”是指西藏、新疆南疆四地州和四省藏区，“三州”是指甘肃临夏州、四川凉山州和云南怒江州。**）等深度贫困地区，贫困程度深，贫困规模大，基础条件薄弱，公共服务不足，致贫原因复杂，脱贫难度极大，经过前几轮扶贫开发，仍没有解决区域性整体贫困问题。

② 第八层遗物较少，出土的陶片与北方的兴隆洼相近，甚至有专家将兴隆洼文化（**因首次发现于内蒙古自治区敖汉旗宝国吐乡兴隆洼村而得名，距今约 8000 年，经济形态除农耕外兼狩猎、采集。**）看成是上宅文化的直系源头，认为上宅文化的前身是兴隆洼文化。

**修改示例**

① "三区三州"（**"三区"是指西藏、新疆南疆四地州和四省藏区，"三州"是指甘肃临夏州、四川凉山州和云南怒江州**）等深度贫困地区，贫困程度深，贫困规模大，基础条件薄弱，公共服务不足，致贫原因复杂，脱贫难度极大，经过前几轮扶贫开发，仍没有解决区域性整体贫困问题。

② 第八层遗物较少，出土的陶片与北方的兴隆洼相近，甚至有专家将兴隆洼文化（**因首次发现于内蒙古自治区敖汉旗宝国吐乡兴隆洼村而得名，距今约 8000 年，经济形态除农耕外兼狩猎、采集**）看成是上宅文化的直系源头，认为上宅文化的前身是兴隆洼文化。

## 8. 陈述句误用问号

**用法解析**

当含有疑问词的语段充当某种句子成分，而句子并不表示疑问语气时，句末不用问号。

**媒体用例**

那时年幼，**我不知道这些竹子从哪里来**？只是看见那仍残留一丝绿意的竹叶，给春节增添了喜庆的色彩。

**修改示例**

那时年幼，**我不知道这些竹子从哪里来**，只是看见那仍残留一丝绿意的竹叶，给春节增添了喜庆的色彩。

## 9. 表达强烈感叹语气的反问句误用问号

**用法解析**

一般说来，反问句的末尾使用问号。侧重于表达强烈感叹语气的反问句，宜在句尾使用叹号。

**媒体用例**

① 新中国成立70年来特别是党的十八大以来，我国经济社会发展取得了举世瞩目的伟大成就，**怎能不让人心生自豪**?

② 我国古代的制扇工艺很发达，汉代刘歆所著的《西京杂记》中就曾介绍长安工匠丁缓："又作七轮扇，连七轮，大皆径丈，相连续，一人运之，则满堂寒颤。"仅一个人，就可以让一间屋子凉风徐徐，**制扇者的造诣怎能不令人赞叹**?

**修改示例**

① 新中国成立70年来特别是党的十八大以来，我国经济社会发展取得了举世瞩目的伟大成就，**怎能不让人心生自豪!**

② 我国古代的制扇工艺很发达，汉代刘歆所著的《西京杂记》中就曾介绍长安工匠丁缓："又作七轮扇，连七轮，大皆径丈，相连续，一人运之，则满堂寒颤。"仅一个人，就可以让一间屋子凉风徐徐，**制扇者的造诣怎能不令人赞叹!**

## 10. 选择疑问句误用问号

**用法解析**

选择疑问句的选择项之间有停顿，一般用逗号，全句末尾用问号。

**媒体用例**

① 孩子，**你是不喜欢老师的美术课吗？还是你不敢画。**

② 面对当前全球治理难题和发展困境，面对世界百年未有之大变局，人类又一次站在了何去何从的十字路口。**是走向以邻为壑、零和博弈、对抗冲突的世界？还是走向团结应对挑战、实现合作共赢的世界？**

**修改示例**

① 孩子，**你是不喜欢老师的美术课吗，还是你不敢画？**

② 面对当前全球治理难题和发展困境，面对世界百年未有之大变局，人类又一次站在了何去何从的十字路口。**是走向以邻为壑、零和博弈、对抗冲突的世界，还是走向团结应对挑战、实现合作共赢的世界？**

## 11. 疑问句内误用问号

**用法解析**

疑问句的问号一般应放在句末。

**媒体用例**

① 那么，难道不可以把王某捆起来吗？或者去叫人帮忙，去报警。

② 千颂伊对都敏俊的吐槽：“真的不认识我吗？难道是从北边来的？或者是外星人。”

**修改示例**

① 那么，难道不可以把王某捆起来吗，或者去叫人帮忙，去报警？

② 千颂伊对都敏俊的吐槽：“真的不认识我吗？难道是从北边来的，或者是外星人？”

## 12. 连续多个独立疑问句中漏用问号

**用法解析**

在连续多个独立疑问句中，每个问句都要使用问号。

**媒体用例**

①“切，什么能者多劳，拉壮丁的借口而已。**老板给你涨工资了吗，市场部发你奖金了吗？**欺负你是新人呢。”韩姐觉得马莉莉傻，不懂得拒绝，给人当免费劳力还忙得不亦乐乎。

②“**村民都撤离了吗，防汛物资是否就位？**”在温岭市松门镇松寨村一号码头旁的一间平房内，村镇干部正在一张小桌旁商议防汛防台风方案。

**修改示例**

①“切，什么能者多劳，拉壮丁的借口而已。**老板给你涨工资了吗？市场部发你奖金了吗？**欺负你是新人呢。”韩姐觉得马莉莉傻，不懂得拒绝，给人当免费劳力还忙得不亦乐乎。

②“**村民都撤离了吗？防汛物资是否就位？**”在温岭市松门镇松寨村一号码头旁的一间平房内，村镇干部正在一张小桌旁商议防汛防台风方案。

## 13. 在有呼语的问句中问号位置错误

**用法解析**

不论是先呼名还是先问话，问号都要放在句末。

**媒体用例**

① 蔡兰无意间抬起头，看见了马志雄："手续都办好了？老马。"

② 直到什么？妈妈。

**修改示例**

① 蔡兰无意间抬起头，看见了马志雄："手续都办好了，老马？"

② 直到什么，妈妈？

## 14. 问号叠用过多

**用法解析**

在多个问句连用或表达疑问语气加重时，问号最多叠用三个。在没有异常强烈的情感表达需要时，不宜叠用问号。

**媒体用例**

① 8 月 10 日，电影《上海堡垒》官方微博连发了 4 条与电影相关的视频，并配文：“**这是烂片**？？？？”不过，官博很快就将这 4 条微博删除。

② 所以，**说好的“一个帅字贯穿一生”呢**？？？？

**修改示例**

① 8 月 10 日，电影《上海堡垒》官方微博连发了 4 条与电影相关的视频，并配文：“**这是烂片**？”不过，官博很快就将这 4 条微博删除。

② 所以，**说好的“一个帅字贯穿一生”呢**？

# 叹号误用

## 15. 疑问句误用叹号

**用法解析**

叹号表示感叹语气，问号表示疑问语气（包括反问、设问），应注意区分。

**媒体用例**

① **还记得之前的仙女寝室覆灭记吗!**

② 目睹孩子在电脑前玩，却问:“**又玩电脑了是不是!**”

**修改示例**

① **还记得之前的仙女寝室覆灭记吗?**

② 目睹孩子在电脑前玩，却问:“**又玩电脑了是不是?**”

## 16. 陈述句误用叹号

**用法解析**

陈述句误用叹号常见的有两种情况：一种是，只要看见语气词就用叹号；另一种是，凡是句子带感情就用叹号。

**媒体用例**

① 在广东找 110 报警，现在起有了“新姿势”啦！

② 前天晚高峰时分，在昌平南大街与政府街交叉路口，众目睽睽之下，一位摩托车骑手在即将被交警拦截的时候，突然跳下车跑了！

**修改示例**

① 在广东找 110 报警，现在起有了“新姿势”啦。

② 前天晚高峰时分，在昌平南大街与政府街交叉路口，众目睽睽之下，一位摩托车骑手在即将被交警拦截的时候，突然跳下车跑了。

## 17. 为突出主语而在主语后误用叹号

**用法解析**

叹号是句末点号，强调主语可在主语后加逗号。

**媒体用例**

你！一直坐等机会“一展抱负”？没错，我们等的就是你！！

**修改示例**

你，一直坐等机会“一展抱负”？没错，我们等的就是你！！

## 18. 语气缓和的呼语后误用叹号

**用法解析**

不带强烈感情色彩的呼语后一般使用逗号，不使用叹号。

**媒体用例**

① 元宵节快结束时，一日我下课回家，在小区门口遇到了出门买菜的她。“**姥姥！**你做什么去？”

② **同志们！**这是中国重汽集团重组后的第一次领导干部会。

**修改示例**

① 元宵节快结束时，一日我下课回家，在小区门口遇到了出门买菜的她。“**姥姥，**你做什么去？”

② **同志们，**这是中国重汽集团重组后的第一次领导干部会。

## 19. 问号和叹号连用时顺序错误

**用法解析**

当句子包含疑问、感叹两种语气且都比较强烈时（如带有强烈感情的反问句和带有惊愕语气的疑问句），问号叹号可连用（问号、叹号各一），但应问号在前，叹号在后。

**媒体用例**

① 如此混淆是非、颠倒黑白，怎能不天怒人怨！？

② 亲爱的爸爸妈妈，建房、买房的事情我们自己想办法解决，怎么能够拿爸爸妈妈的养老钱呢！？

**修改示例**

① 如此混淆是非、颠倒黑白，怎能不天怒人怨？！

② 亲爱的爸爸妈妈，建房、买房的事情我们自己想办法解决，怎么能够拿爸爸妈妈的养老钱呢？！

## 20. 叹号叠用过多

**用法解析**

表示声音巨大或声音不断加大时，可叠用叹号；表达强烈语气时，也可叠用叹号。叹号最多叠用三个。在没有异常强烈的情感表达需要时，不宜叠用叹号。

**媒体用例**

① 西乡塘区北湖北路 6 号荣和摩客小区 1 号楼，有很多业主私自悬空搭建出一个平台，这样的违规搭建，不仅影响小区外立面形象，更重要的是存在安全隐患，万一哪一天平台支撑生锈腐蚀，整个平台从高空坠落，**后果不堪设想！！！！！**

② 再吼一遍——“**重庆，雄起！！！！！！！**”

**修改示例**

① 西乡塘区北湖北路 6 号荣和摩客小区 1 号楼，有很多业主私自悬空搭建出一个平台，这样的违规搭建，不仅影响小区外立面形象，更重要的是存在安全隐患，万一哪一天平台支撑生锈腐蚀，整个平台从高空坠落，**后果不堪设想！**

② 再吼一遍——“**重庆，雄起！**”

## 21. 两个独立句子之间误用逗号

**用法解析**

两个独立完整的句子之间应该用句号，而不应该用逗号。

**媒体用例**

**2月18日，中共中央、国务院印发《粤港澳大湾区发展规划纲要》**，现如今，纲要的重大利好正在持续发酵，这其中，“构建智慧城市群”在第一时间成为科技巨头们的关注焦点。

**修改示例**

**2月18日，中共中央、国务院印发《粤港澳大湾区发展规划纲要》**。现如今，纲要的重大利好正在持续发酵，这其中，“构建智慧城市群”在第一时间成为科技巨头们的关注焦点。

## 22. 无停顿处误用逗号

**用法解析**

逗号用在一句话中确实有必要停顿的地方。如果从句子结构、说话的语气上看都没有停顿，或不能停顿，就不能用逗号。

**媒体用例**

① 截止到 3 月 31 日，意大利的累计确诊人数已经突破 10 万，**成为继美国之后，全球第二个感染人数过 10 万的国家**。

② 小陈能跑个 6 公里再回家，**老陈跑上个 2 公里不到，就气喘如牛**。

**修改示例**

① 截止到 3 月 31 日，意大利的累计确诊人数已经突破 10 万，**成为继美国之后全球第二个感染人数过 10 万的国家**。

② 小陈能跑个 6 公里再回家，**老陈跑上个 2 公里不到就气喘如牛**。

## 23. 直接引语前的提示语误用逗号

**用法解析**

直接引语之前的提示语应使用冒号，而不是逗号。

**媒体用例**

① 小麦和稻谷的生产同样供大于求，**李国祥介绍**，“小麦和稻谷是居民的主要口粮，据我们团队研究，每年的消费量在1.7亿吨左右，但两者每年的总产量则在3.3亿吨到3.4亿吨，也就是消费量的两倍。同时，这两者的社会库存量估计在3亿吨左右，其中小麦1亿吨左右，稻谷2亿吨左右。所以，在口粮方面，不用担心粮食供给不足的问题”。

② 当被问及美国国家战略储备是否几乎耗尽时，**特朗普回答称**，“是的。我们正将其直接送往医院。”

**修改示例**

① 小麦和稻谷的生产同样供大于求，**李国祥介绍**：“小麦和稻谷是居民的主要口粮，据我们团队研究，每年的消费量在1.7亿吨左右，但两者每年的总产量则在3.3亿吨到3.4亿吨，也就是消费量的两倍。同时，这两者的社会库存量估计在

3亿吨左右，其中小麦1亿吨左右，稻谷2亿吨左右。所以，在口粮方面，不用担心粮食供给不足的问题。”

② 当被问及美国国家战略储备是否几乎耗尽时，**特朗普回答称：**“是的。我们正将其直接送往医院。”

## 24. 直接引语后的提示语误用逗号

**用法解析**

引用的话语结束后，在“某某说（道、讲、问、答）”之后只能用句号，不能用逗号或其他标点符号。

**媒体用例**

①“在该起事件中，其已经涉嫌损害了抖音经营者及消费者正常的选择权，可以称作是不正当竞争行为。”**张新年说，**《反不正当竞争法》第十二条明确规定，利用网络从事生产经营活动的经营者不得利用技术手段，通过影响用户选择或者其他方式恶意对其他经营者合法提供的网络产品或者服务实施不兼容。

②“没有利益就很难产生动力”，**宋清辉说道，**在其看来，相互保险不以盈利为目的的初衷，或为制约发展的因素之一。

**修改示例**

①“在该起事件中，其已经涉嫌损害了抖音经营者及消费者正常的选择权，可以称作是不正当竞争行为。”**张新年说。**《反不正当竞争法》第十二条明确规定，利用网络从事生产经营活动的经营者不得利用技术手段，通过影响用户选择或者其他方式

恶意对其他经营者合法提供的网络产品或者服务实施不兼容。

②“没有利益就很难产生动力。”**宋清辉说道**。在其看来，相互保险不以盈利为目的的初衷，或为制约发展的因素之一。

## 25. 并列成分间误用逗号

**用法解析**

在并列的词语或短语之间应使用停顿更为短暂的顿号，而不应使用逗号。

**媒体用例**

① 阳春三月，天气渐暖，婺源油菜花、林芝桃花、鼋头渚樱花、新疆杏花、**四川龙泉的桃花，云南的山茶花**等也竞相开放。

② 据悉，到目前为止，**野猪，山羊和熊**都被发现在西班牙的街道上撒欢。

**修改示例**

① 阳春三月，天气渐暖，婺源油菜花、林芝桃花、鼋头渚樱花、新疆杏花、**四川龙泉的桃花、云南的山茶花**等也竞相开放。

② 据悉，到目前为止，**野猪、山羊和熊**都被发现在西班牙的街道上撒欢。

## 26. 大于逗号的句内停顿误用逗号

**用法解析**

分号和逗号都是句内点号，分号所表示的停顿大于逗号，总说后面的分项列举的各项之间（尤其是当分项内部还有逗号时）宜用分号。

**媒体用例**

① 自然资源部副部长王广华分析，当前登记难、耗时长主要有三方面原因：一是办证过程中涉及部门多，信息共享不通畅，二是办证环节多，办事流程不够清晰，三是多头受理业务，影响办事效率。

② 对某个经济体进行经济分析，通常涉及三个层面：一是生产关系即经济制度层面的分析，二是经济运行层面的分析，也就是资源配置层面的分析，三是经济发展层面的分析，比如对发展中国家如何迈向现代化的分析。

**修改示例**

① 自然资源部副部长王广华分析，当前登记难、耗时长主要有三方面原因：一是办证过程中涉及部门多，信息共享不通畅；二是办证环节多，办事流程不够清晰；三是多头受理业务，影响办事效率。

② 对某个经济体进行经济分析，通常涉及三个层面：一是生产关系即经济制度层面的分析；二是经济运行层面的分析，也就是资源配置层面的分析；三是经济发展层面的分析，比如对发展中国家如何迈向现代化的分析。

## 27. 总说性话语后误用逗号

**用法解析**

总说之后常常用冒号表示停顿，分说的各部分之间用分号。

**媒体用例**

**中国共产党 90 多年的历史证明，**只要我们的斗争实践符合规律，就能转危为安，夺取胜利；如果违背规律，就会招致挫折，由主动变为被动。

**修改示例**

**中国共产党 90 多年的历史证明：**只要我们的斗争实践符合规律，就能转危为安，夺取胜利；如果违背规律，就会招致挫折，由主动变为被动。

## 28. 总括性话语前误用逗号

**用法解析**

冒号除了用于提示下文外，还可以用在表示分说的几个并列的分句之后，表示较大的停顿，引出后面的总括性话语以概括总结上文。总括性话语前面应该用冒号，不能用逗号。

**媒体用例**

① 所以，我们这些陆门弟子，或秉持形式和结构的研究道路，或侧重语言类型学和语法语义研究，或从事认知语言学研究，或专注中文信息处理，或研究北京话的词汇、语法和历史，或探察汉外对比和语言习得，或深入语言教学研究，或做会话交际分析，等等，**真可谓五花八门**。

② 我设想过很多次与这个级别的学者初次见面的场景，总该是在书院雅致的空间内，总该是先由晚辈彬彬有礼地自我介绍，**总之，该是端庄的**。

**修改示例**

① 所以，我们这些陆门弟子，或秉持形式和结构的研究道路，或侧重语言类型学和语法语义研究，或从事认知语言学研究，或专注中文信息处理，或研究北京话的词汇、语法和历史，或探察汉外对比和语言习得，或深入语言教学研究，或做会

话交际分析，等等：**真可谓五花八门**。

②我设想过很多次与这个级别的学者初次见面的场景，总该是在书院雅致的空间内，总该是先由晚辈彬彬有礼地自我介绍：**总之，该是端庄的**。

## 29. 省略号后可省略逗号而未省略

用法解析

省略号后面的句内点号一般不必保留。

媒体用例

① 历博珍藏了近百年的历史原照上的人物，早已淡出了人们的视野，但如果认真探究，你会发现，**蔡守、夏昕渠、费龙丁、宋琳、朱少屏……，**这一串名字的背后，都曾留下不凡的人生轨迹。

② 早上若在院子里遛弯，你会看见门球场上，门球队正在进行比赛；多功能厅里，声乐团正伴随优美的钢琴声合唱；形体房内，舞蹈团正在为春节联欢会排练歌舞；充满艺术气息的画廊里，展示着彩墨研究院的画家们刚完成的作品；**还有棋牌室、乒乓球室、台球室……，**供长者们娱乐健身。

修改示例

① 历博珍藏了近百年的历史原照上的人物，早已淡出了人们的视野，但如果认真探究，你会发现，**蔡守、夏昕渠、费龙丁、宋琳、朱少屏……**这一串名字的背后，都曾留下不凡的人生轨迹。

② 早上若在院子里遛弯，你会看见门球场上，门球队正在进行比赛；多功能厅里，声乐团正伴随优美的钢琴声合唱；形体房内，舞蹈团正在为春节

联欢会排练歌舞；充满艺术气息的画廊里，展示着彩墨研究院的画家们刚完成的作品；**还有棋牌室、乒乓球室、台球室**……供长者们娱乐健身。

## 30. 省略号前可省略逗号而未省略

**用法解析**

句内停顿后如有省略，省略号前面的句内点号一般不必保留。

**媒体用例**

① **中国人在思想、行为和情感方面几乎和我们一样，**……只是在他们那里，一切都比我们这里更明朗，更纯洁，也更合乎道德。

②《扬州画舫录》记载：**画舫在前，酒船在后，**……传餐有声，炊烟渐上。

**修改示例**

① **中国人在思想、行为和情感方面几乎和我们一样**……只是在他们那里，一切都比我们这里更明朗，更纯洁，也更合乎道德。

②《扬州画舫录》记载：**画舫在前，酒船在后**……传餐有声，炊烟渐上。

## 31. 并列成分末尾的“等”前误用逗号

**用法解析**

并列成分之间用顿号时，最后一个并列成分之后用“等”，“等”前不用加标点符号。

**媒体用例**

① **至于场景、建筑、自然、功法、光影，等等**，无不制作精良、引人入胜。

②《大江大河》没有这方面的缺憾，它的表达涵盖一切，几乎没有死角，**政治、生活、人际、人性，等等**，在剧中都按照一定的规律实际发生着，变化着，运转着……

**修改示例**

① **至于场景、建筑、自然、功法、光影等**，无不制作精良、引人入胜。

②《大江大河》没有这方面的缺憾，它的表达涵盖一切，几乎没有死角，**政治、生活、人际、人性等**，在剧中都按照一定的规律实际发生着，变化着，运转着……

## 32. 并列成分末尾的“等等”前漏用逗号

**用法解析**

并列成分之间用逗号时，最后一个并列成分之后用“等等”，“等等”前也相应地用逗号。

**媒体用例**

① 中国特色社会主义法治道路的伟大实践，历史性地形成了中国法治现代化的总体特征，主要包括：**既要坚持又要完善党对依法治国的领导，法治现代化与国家治理体系和治理能力现代化密切相关，法治建设坚持以人民为中心，以法治发展推动经济社会发展，保障和促进社会公平正义等等。**

② 特朗普的助手们认为，特朗普已经取得的政绩足以为他赢得 2020 年大选：**大幅增加了军费，通过了司法改革法案，改进了退伍军人医保制度，将家庭生育免税额度翻了一倍，强力应对阿片类药物危机，退出有关气候变化的《巴黎协定》，捍卫公民的持枪权等等。**

**修改示例**

① 中国特色社会主义法治道路的伟大实践，历史性地形成了中国法治现代化的总体特征，主要包括：**既要坚持又要完善党对依法治国的领导，法治现代化与国家治理体系和治理能力现代化密切相**

关，法治建设坚持以人民为中心，以法治发展推动经济社会发展，保障和促进社会公平正义，等等。

② 特朗普的助手们认为，特朗普已经取得的政绩足以为他赢得 2020 年大选：大幅增加了军费，通过了司法改革法案，改进了退伍军人医保制度，将家庭生育免税额度翻了一倍，强力应对阿片类药物危机，退出有关气候变化的《巴黎协定》，捍卫公民的持枪权，等等。

## 33. 状语和中心语之间误用逗号

**用法解析**

充当状语的“把”字短语后面加了逗号，就割裂了状中关系。

**媒体用例**

① **邮递员把从外面寄来的信件，送到山重小学**，由校园里的“小信鸽”把信件送往村里的各家各户。

② 我们出台的政策主要是鼓励港澳的青年到我们这来创业，**把他们好的点子和想法，拿到我们这里来孵化、产业化**。

**修改示例**

① **邮递员把从外面寄来的信件送到山重小学**，由校园里的“小信鸽”把信件送往村里的各家各户。

② 我们出台的政策主要是鼓励港澳的青年到我们这来创业，**把他们好的点子和想法拿到我们这里来孵化、产业化**。

## 34. 序次语后应用顿号而误用逗号

**用法解析**

不带括号的汉字数字做序次语时，后面用顿号。

**媒体用例**

① 有分析指出，特朗普此次访欧遭遇两个“尴尬”：一，**受英国政坛混乱，尤其是特雷莎·梅突然请辞等因素影响，访英恐怕只能“务虚”**；二，**美欧这对传统盟友虽共同参与二战纪念活动，却难掩今日裂痕与分歧**。

② 在《约翰·克利斯朵夫》这部“音乐灵魂谱写的交响曲”（茨威格语）中，可以说，莱茵河有着这样四层蕴意：一，**它象征着主人公克利斯朵夫奔流向前的生命旅程**；二，**它象征着生生不息的人类的生命长河**；三，**它传递着吸收两岸思想，融合法德优秀文化，再生西方新文明的希望**；四，**它表达了作者以莱茵河为纽带来包容共饮一江水的两岸各国人民，实现人类之间的和谐共处的思想**。

**修改示例**

① 有分析指出，特朗普此次访欧遭遇两个“尴尬”：一、**受英国政坛混乱，尤其是特雷莎·梅突然请辞等因素影响，访英恐怕只能“务虚”**；二、

美欧这对传统盟友虽共同参与二战纪念活动，却难掩今日裂痕与分歧。

② 在《约翰·克利斯朵夫》这部“音乐灵魂谱写的交响曲”（茨威格语）中，可以说，莱茵河有着这样四层蕴意：一、它象征着主人公克利斯朵夫奔流向前的生命旅程；二、它象征着生生不息的人类的生命长河；三、它传递着吸收两岸思想，融合法德优秀文化，再生西方新文明的希望；四、它表达了作者以莱茵河为纽带来包容共饮一江水的两岸各国人民，实现人类之间的和谐共处的思想。

## 35. “以及”等连词前误用顿号

**用法解析**

当并列的词语之间既有顿号又有“以及、甚至、尤其、或、与、及”等连词连接时，连词前不能用顿号。如果有停顿，可以用逗号。

**媒体用例**

① **正是因为他们有着对生命的敬畏之心、对业务的精益求精、以及对民航规章制度的严格恪守**，才能在高空遇险的时候冷静面对，正确处置，最终将 119 名乘客安全带回地面。

② 在口岸庞大的人流中，她往往能通过观察旅客的细微之处，如动作、神态，甚至走路方式，**判断是否存在吸毒、偷窃、或者走私偷带等嫌疑**。

**修改示例**

① **正是因为他们有着对生命的敬畏之心、对业务的精益求精，以及对民航规章制度的严格恪守**，才能在高空遇险的时候冷静面对，正确处置，最终将 119 名乘客安全带回地面。

② 在口岸庞大的人流中，她往往能通过观

察旅客的细微之处，如动作、神态，甚至走路方式，判断是否存在吸毒、偷窃或者走私偷带等嫌疑。

## 36. “和”前误用顿号

**用法解析**

连词“和”用来连接并列成分，“和”前不用顿号。

**媒体用例**

**威斯布鲁克全场拿下 20 分、20 个篮板、和 21 次助攻**，这是他本赛季第 31 次三双，成为 1968 年张伯伦后，第二位单场轰下至少 20 分 20 篮板 20 助攻的球员。

**修改示例**

**威斯布鲁克全场拿下 20 分、20 个篮板和 21 次助攻**，这是他本赛季第 31 次三双，成为 1968 年张伯伦后，第二位单场轰下至少 20 分 20 篮板 20 助攻的球员。

## 37. 表示递进关系的词语前误用顿号

**用法解析**

“特别是”“尤其是”等词语，表示递进关系，这些词语前不能用顿号。如果有停顿，可以用逗号。

**媒体用例**

① 黄曲霉毒素存在于土壤、动植物、各种坚果、特别是花生和核桃中。

② 但“996”不能够成为职场的普遍号召，甚至在公司内部、尤其是成熟的大公司内部也不应成为管理层大力推动的价值取向。

**修改示例**

① 黄曲霉毒素存在于土壤、动植物、各种坚果，特别是花生和核桃中。

② 但“996”不能够成为职场的普遍号召，甚至在公司内部尤其是成熟的大公司内部也不应成为管理层大力推动的价值取向。

## 38. 书名号之间可省略顿号而未省略

**用法解析**

标有书名号的并列成分之间，通常不用顿号。

**媒体用例**

① 它共分为三部，名为《创世纪》、《面孔与面具》，以及《风的世纪》。

② 十本童书绘本的书名是:《温热的面包》、《密林之熊》、《小胡子帮》、《小钢环》、《雨蛙》、《獾的鼻子》、《兔子的脚掌》、《体贴的花》、《告别夏日》、《独角仙奇遇记》。

**修改示例**

① 它共分为三部，名为《创世纪》《面孔与面具》，以及《风的世纪》。

② 十本童书绘本的书名是:《温热的面包》《密林之熊》《小胡子帮》《小钢环》《雨蛙》《獾的鼻子》《兔子的脚掌》《体贴的花》《告别夏日》《独角仙奇遇记》。

## 39. 引号之间可省略顿号而未省略

**用法解析**

标有引号的并列成分之间，通常不用顿号。

**媒体用例**

① 南丰集团创办人陈廷骅拥有“棉纱大王”、“地产大王”、“窝轮大王”等称号。

② 目前，市面上已经存在的“一卡通 App”、“亿通行 App”、“北京公交 App”均可扫码乘坐部分公共交通工具，虽然各家企业目前的设备、系统不同，但到今年年底前，不同运营企业间的“壁垒”将被彻底打通，北京的各家 App 都可以实现通刷公交、地铁。

**修改示例**

① 南丰集团创办人陈廷骅拥有“棉纱大王”“地产大王”“窝轮大王”等称号。

② 目前，市面上已经存在的“一卡通 App”“亿通行 App”“北京公交 App”均可扫码乘坐部分公共交通工具，虽然各家企业目前的设备、系统不同，但到今年年底前，不同运营企业间的“壁垒”将被彻底打通，北京的各家 App 都可以实现通刷公交、地铁。

## 40. 引号之间或书名号之间漏用顿号

**用法解析**

如果有其他成分插在并列的引号之间或并列的书名号之间，宜用顿号。

**媒体用例**

① 这份基于对 6.5 万份美团商家、骑手、用户等青年群体有效数据研究分析形成的报告显示，在 35 个热门词汇中，入选“青年眼中的时代关键词”前五位的分别是**“奋斗”（47%）“机会”（18%）“变化”（15%）“快”（11%）“新”（5%）**。

② 在培训过程中，中央团校坚持把习近平新时代中国特色社会主义思想作为各类班次的核心课程，开设习近平新时代中国特色社会主义思想概论等 12 门课程，将**《习近平谈治国理政》（一卷、二卷）《习近平关于青少年和共青团工作论述摘编》和《习近平新时代中国特色社会主义思想三十讲》**作为主要教材，党的理论教育和党性教育占总课时的 70% 以上，形成了“核心 + 重点 + 支撑”的三级课程资源库。

**修改示例**

① 这份基于对 6.5 万份美团商家、骑手、用户等青年群体有效数据研究分析形成的报告显示，在

35 个热门词汇中，入选“青年眼中的时代关键词”前五位的分别是**“奋斗”（47%）**、**“机会”（18%）**、**“变化”（15%）**、**“快”（11%）**、**“新”（5%）**。

② 在培训过程中，中央团校坚持把习近平新时代中国特色社会主义思想作为各类班次的核心课程，开设习近平新时代中国特色社会主义思想概论等 12 门课程，将**《习近平谈治国理政》**（一卷、二卷）、**《习近平关于青少年和共青团工作论述摘编》和《习近平新时代中国特色社会主义思想三十讲》**作为主要教材，党的理论教育和党性教育占总课时的 70% 以上，形成了“核心 + 重点 + 支撑”的三级课程资源库。

## 41. 非并列成分之间误用顿号

**用法解析**

两个成分之间不是并列关系，中间不能用顿号。

**媒体用例**

① 158 户、501 口人，难免磕磕碰碰，有什么矛盾，到文化礼堂来，干部们和有威望的村民一说合，就烟消云散了。

② 乌兰察布“智慧社区”平台，从 2014 年最初的 1 个社区为试点到 2015 年的全市 43 个试点，逐步成为集党的建设、社会治理、为民便民服务等功能为一体，**覆盖全市 11 个旗县市区、23 个街道乡镇的 209 个社区的综合性系统平台**，在党建引领社会治理进程中发挥重要作用。

**修改示例**

① 158 户 501 口人，难免磕磕碰碰，有什么矛盾，到文化礼堂来，干部们和有威望的村民一说合，就烟消云散了。

② 乌兰察布“智慧社区”平台，从 2014 年最初的 1 个社区为试点到 2015 年的全市 43 个试点，逐步成为集党的建设、社会治理、为民便民服务等功能为一体，**覆盖全市 11 个旗县市区 23 个街道乡**

**镇的 209 个社区的综合性系统平台，**在党建引领社会治理进程中发挥重要作用。

## 42. 较长的停顿误用顿号

**用法解析**

并列词语后有语气词时，为了表示稍长一点的停顿，宜用逗号。

**媒体用例**

①“人在他乡，受点委屈没啥。我们老年人有的是时间，**水呀、菜呀、车呀这些难题**，都能应付，最怕的还是生病。”

②“没人给钱，没人给职称，全是奉献。这些年，我把多年积累的资源全部用上了。人做了公益以后就变了，**我过去追求的都是买包啊、攀比啊、享受啊、臭美啊**，现在一点心思都不在这上面了——当你买书包送给孩子们的时候，看到他们眼巴巴地看着你的时候，你就觉着所有的一切都可以放下，你真的愿意去他们身边帮助他们。”

**修改示例**

①“人在他乡，受点委屈没啥。我们老年人有的是时间，**水呀，菜呀，车呀这些难题**，都能应付，最怕的还是生病。”

②“没人给钱，没人给职称，全是奉献。这些年，我把多年积累的资源全部用上了。人做了公益以后就变了，**我过去追求的都是买包啊，攀比**

**啊，享受啊，臭美啊**，现在一点心思都不在这上面了——当你买书包送给孩子们的时候，看到他们眼巴巴地看着你的时候，你就觉着所有的一切都可以放下，你真的愿意去他们身边帮助他们。”

## 43. 并列成分做谓语误用顿号

**用法解析**

从句法成分的限制来看，并列成分做谓语时，并列成分之间使用逗号，不用顿号。

**媒体用例**

① **作家们在这里写作、支教、种地、学手艺**，更多的时候，“坐在窗前，沐浴在冬日的暖阳下，**看书、码字、发呆**……”（作家村村民董静语），作家们突然发现，住在作家村里的作家，才更像作家。

② 在《随想录》中，巴金专门用一节评述了《人到中年》，他说自己的侄女从遥远的边疆来信称“《人到中年》里的陆大夫就是我们中年知识分子的写照”，巴金进而感到，“越来越多的读者在小说里看到了他们的面影。的确到处都有陆大夫，她（他）们就在我们的四周。**她（他）们工作、受苦、奋斗、前进**，或者作出成绩，或者憔悴死去……小说真实地反映了我们的生活”，“正是靠了这无数默默地坚持工作的中年人，我们的国家才能够前进”。

**修改示例**

① **作家们在这里写作，支教，种地，学手艺**，更多的时候，“坐在窗前，沐浴在冬日的暖阳下，

**看书，码字，发呆**……”（作家村村民董静语），作家们突然发现，住在作家村里的作家，才更像作家。

② 在《随想录》中，巴金专门用一节评述了《人到中年》，他说自己的侄女从遥远的边疆来信称“《人到中年》里的陆大夫就是我们中年知识分子的写照”，巴金进而感到，“越来越多的读者在小说里看到了他们的面影。的确到处都有陆大夫，她（他）们就在我们的四周。**她（他）们工作，受苦，奋斗，前进**，或者作出成绩，或者憔悴死去……小说真实地反映了我们的生活”，“正是靠了这无数默默地坚持工作的中年人，我们的国家才能够前进”。

## 44. 不同层次的并列短语间误用顿号

**用法解析**

如果并列短语是多层次的，则用顿号表示较低层次的停顿，用逗号表示较高层次的停顿。

**媒体用例**

① **万宁市委常委、市公安局党委书记、局长、督察长兼省公安厅刑事警察总队警犬训练基地政委**麦宏章涉嫌严重违纪违法，目前正接受海南省纪委监委纪律审查和监察调查。

② **我国著名地球物理学家、地震学家、中国科学院院士**陈运泰在 2019 年出版的地震科普图书中专门讲解了地震预测的难度。

**修改示例**

① **万宁市委常委，市公安局党委书记、局长、督察长兼省公安厅刑事警察总队警犬训练基地政委**麦宏章涉嫌严重违纪违法，目前正接受海南省纪委监委纪律审查和监察调查。

② **我国著名地球物理学家、地震学家，中国科学院院士**陈运泰在 2019 年出版的地震科普图书中专门讲解了地震预测的难度。

## 45. 结构紧密的词语中误用顿号

**用法解析**

像“中小学”“工农业”“甲乙双方”“大中型企业”等结构紧密的词语不能用顿号分隔开来。

**媒体用例**

① 在市民群体形成节约用水的社会共识后，**工、农业**等用水大户也就自然而然出现明显变化。

② 届时，**中、小学**机器人爱好者、小社团、校外机器人培训机构青少年团队及爱好者等均可报名参加。

**修改示例**

① 在市民群体形成节约用水的社会共识后，**工农业**等用水大户也就自然而然出现明显变化。

② 届时，**中小学**机器人爱好者、小社团、校外机器人培训机构青少年团队及爱好者等均可报名参加。

## 46. 缩略形式漏用顿号

**用法解析**

相邻数字连用为缩略形式，宜用顿号隔开。

**媒体用例**

① 随着养殖容积大 3 倍的“深蓝 2 号”直升机升降平台的设计，待时机成熟将推出深海旅游项目，由此将旅游业、养殖业、高端设备制造业充分结合，实现**一二三产业**高度融合。

② 每年**七八九月**，定西是雨季，暴雨如注，秸秆类庄稼容易倒伏，影响收成，可这不耽误土豆在地下生长。

**修改示例**

① 随着养殖容积大 3 倍的“深蓝 2 号”直升机升降平台的设计，待时机成熟将推出深海旅游项目，由此将旅游业、养殖业、高端设备制造业充分结合，实现**一、二、三产业**高度融合。

② 每年**七、八、九月**，定西是雨季，暴雨如注，秸秆类庄稼容易倒伏，影响收成，可这不耽误土豆在地下生长。

## 47. 概数误用顿号

**用法解析**

相邻或相近两数字连用表示概数时，通常不用顿号。

**媒体用例**

① 他出生入死，在离日军据点仅三、**四百米**远的地方对日军官兵进行反战宣传。

② 当蚕豆饭端上餐桌……童年的我们，就着简单的紫菜虾皮汤或番茄蛋汤，一口气可以吃上三、**四碗**。

**修改示例**

① 他出生入死，在离日军据点仅**三四百米**远的地方对日军官兵进行反战宣传。

② 当蚕豆饭端上餐桌……童年的我们，就着简单的紫菜虾皮汤或番茄蛋汤，一口气可以吃上**三四碗**。

## 48. 序次语后应用逗号而误用顿号

**用法解析**

“第”字头、“其”字头序次语，以及“首先”“其次”“最后”等做序次语时，后面用逗号。

**媒体用例**

① 同时也结合相关专家意见给消费者提出如下消费建议：首先、选择信誉好的正规洗衣店……

② ……最后、与学校、公益组织合作举办讲座。

**修改示例**

① 同时也结合相关专家意见给消费者提出如下消费建议：首先，选择信誉好的正规洗衣店……

② ……最后，与学校、公益组织合作举办讲座。

## 49. 序次语后应用下脚点而误用顿号

**用法解析**

不带括号的阿拉伯数字、拉丁字母或罗马数字做序次语时，后面用下脚点“.”（该符号属于外文的标点符号）。

**媒体用例**

① 报名者需满足以下条件：1、年满18周岁，具有完全民事行为能力，具有有效身份证、居住证、学生证等证件；2、热心社会公益事业，对有关听证内容有一定认识，有一定调查研究、分析问题能力，能够客观发表意见；3、同意公开必要的个人信息（在第2次公告中，需要公布姓名、性别、年龄、身份职业、居住地区、联系方式等）；4、能按时、全程参加会议，遵守听证会各项纪律和注意事项。

② 琼海市卫生健康委于2019年4月18日向博鳌银丰康养国际医院下达了《行政处罚事先告知书》，给予该院以下行政处罚：1、警告；2、没收非法所得；3、处以8000元罚款；4、吊销《医疗机构执业许可证》。

**修改示例**

① 报名者需满足以下条件：1. 年满18周岁，

具有完全民事行为能力，具有有效身份证、居住证、学生证等证件；2. 热心社会公益事业，对有关听证内容有一定认识，有一定调查研究、分析问题能力，能够客观发表意见；3. 同意公开必要的个人信息（在第 2 次公告中，需要公布姓名、性别、年龄、身份职业、居住地区、联系方式等）；4. 能按时、全程参加会议，遵守听证会各项纪律和注意事项。

② 琼海市卫生健康委于 2019 年 4 月 18 日向博鳌银丰康养国际医院下达了《行政处罚事先告知书》，给予该院以下行政处罚：1. 警告；2. 没收非法所得；3. 处以 8000 元罚款；4. 吊销《医疗机构执业许可证》。

## 50. 带括号的序次语后误用顿号

**用法解析**

带括号的序次语后面，不用加任何点号。

**媒体用例**

① 满足以下条件后，就能注销QQ账号。（一）、账号处于安全状态，在近一个月内，你没有进行改密、改绑等敏感操作，你的账号没有被盗、被封等风险；（二）、QQ支付财产结清，你已注销QQ支付（或者没有开通），QQ账号上没有资金及Q币问题待结算。

②"成立交易所"还存在如下法律风险：（1）、在国内非法集资、组织领导传销范围的刑事风险；（2）、海外非合规递表而遭SEC巨额处罚以及市场禁入的风险，同时涉及犯罪的刑事风险；（3）、以"成立交易所"为名而实为诈骗的法律风险；（4）、民事侵权与违约纠纷的诉讼风险。

**修改示例**

① 满足以下条件后，就能注销QQ账号。（一）账号处于安全状态，在近一个月内，你没有进行改密、改绑等敏感操作，你的账号没有被盗、被封等风险；（二）QQ支付财产结清，你已注销QQ支付（或者没有开通），QQ账号上没有资金及Q币问题

待结算。

②“成立交易所”还存在如下法律风险:(1)在国内非法集资、组织领导传销范围的刑事风险;(2)海外非合规递表而遭SEC巨额处罚以及市场禁入的风险，同时涉及犯罪的刑事风险;(3)以“成立交易所”为名而实为诈骗的法律风险;(4)民事侵权与违约纠纷的诉讼风险。

## 分号误用

### 51. 单句内误用分号

**用法解析**

一个复杂单句中，无论并列项有多少，结构多么复杂，一般都不宜使用分号，不能出现逗号中包含分号的现象。

**媒体用例**

① 其辩护人还就量刑问题发表了辩护意见，**认为被告人认罪态度好；有强烈悔罪表现；系属初犯、偶犯；平时表现良好。**

② 京郊14万亩景观农田已累计引进了油料、花卉、药材、蔬菜、杂粮五大类作物，1134个品种，**并形成了延庆四季花海、百里画廊；密云人间花海、蔡家洼玫瑰情园；顺义兴农天力农业园、大孙各庄油菜花；房山天开花海、草根堂农场；大兴红星农场油菜花海等一批“三季有景、四季覆盖”的农业观光好品牌，**为市民提供了休闲放松的多重选择。

**修改示例**

① 其辩护人还就量刑问题发表了辩护意见，**认为被告人认罪态度好，有强烈悔罪表现，系属初**

犯、偶犯，平时表现良好。

② 京郊 14 万亩景观农田已累计引进了油料、花卉、药材、蔬菜、杂粮五大类作物，1134 个品种，并形成了延庆四季花海、百里画廊，密云人间花海、蔡家洼玫瑰情园，顺义兴农天力农业园、大孙各庄油菜花，房山天开花海、草根堂农场，大兴红星农场油菜花海等一批“三季有景、四季覆盖”的农业观光好品牌，为市民提供了休闲放松的多重选择。

## 52. 应用句号而误用分号

**用法解析**

分项列举的各项有一项或多项已包含句号时，各项的末尾不能再用分号。

**媒体用例**

① 国务院发展研究中心以“唯实求真、守正出新”作为核心价值观。一是必须坚持以马克思主义为指导。坚持正确政治方向，坚持问题导向，坚持实事求是、理论联系实际的学风，提倡深入浅出、简明易懂的文风；二是必须坚持正确的立场。为国家发展、为老百姓的福祉开展研究工作；三是要有做政策研究的荣誉感、责任感和奉献精神；四是要有宽松的、鼓励创新的氛围。

② 本届航展有三大亮点：一是国际化。航展将设立“一带一路”国际通用航空技术及装备展区，将中国通航飞向“一带一路”的理念融入其中；二是专业化。本届航展首日为专业观众日，这意味着本届航展将在进一步提升专业性的基础上，努力为专业观众提供更加便捷舒适的商务交流平台；三是品牌化。中国国际通用航空博览会是向世界展示中国航空发展水平的“通航科技之窗”。

**修改示例**

① 国务院发展研究中心以“唯实求真、守正出新”作为核心价值观。一是必须坚持以马克思主义为指导。坚持正确政治方向，坚持问题导向，坚持实事求是、理论联系实际的学风，提倡深入浅出、简明易懂的文风。二是必须坚持正确的立场。为国家发展、为老百姓的福祉开展研究工作。三是要有做政策研究的荣誉感、责任感和奉献精神。四是要有宽松的、鼓励创新的氛围。

② 本届航展有三大亮点：一是国际化。航展将设立“一带一路”国际通用航空技术及装备展区，将中国通航飞向“一带一路”的理念融入其中。二是专业化。本届航展首日为专业观众日，这意味着本届航展将在进一步提升专业性的基础上，努力为专业观众提供更加便捷舒适的商务交流平台。三是品牌化。中国国际通用航空博览会是向世界展示中国航空发展水平的“通航科技之窗”。

## 53. 非并列关系的单重复句误用分号

**用法解析**

非并列关系的多重复句间可以使用分号，为的是分清句子结构层次，非并列关系的单重复句则无此必要，应将分号改为逗号。

**媒体用例**

① 目前高中学生课外除了做各种试题，已很少读名著了；**甚至连家长和班主任都在限制学生读“课外书”**。

② 上半年账面好看多了；**但下半年数字难堪了**。

**修改示例**

① 目前高中学生课外除了做各种试题，已很少读名著了，**甚至连家长和班主任都在限制学生读“课外书”**。

② 上半年账面好看多了，**但下半年数字难堪了**。

## ◀冒号误用▶

### 54. 直接引语中间插入的提示语误用冒号

**用法解析**

插在引用话语中间的“说”“道”类词语后，只能用逗号表示停顿。如果用了冒号，“说”“道”前的话是谁说的不明确。

**媒体用例**

①“大家辛辛苦苦工作，保证了工程如期完工，也顺利通过了验收，可我们工人们500多万元的血汗钱却迟迟拿不到手！”**余永说：**“从2013年年底开始，我没过过一个好年！总是在讨要工资和被人讨要工资中奔波，总是被工人们堵在家里，过的日子都不像日子！”

②“造谣中伤、歧视排他、施压胁迫、主观猜忌都会事与愿违。”**他说：**“现在，有人不遗余力地编造华为的‘安全故事’。但实际上这些故事与安全毫无关系。”

**修改示例**

①“大家辛辛苦苦工作，保证了工程如期完工，也顺利通过了验收，可我们工人们500多万元的血汗钱却迟迟拿不到手！”**余永说，**“从2013年

年底开始，我没过过一个好年！总是在讨要工资和被人讨要工资中奔波，总是被工人们堵在家里，过的日子都不像日子！”

②“造谣中伤、歧视排他、施压胁迫、主观猜忌都会事与愿违。”**他说**，“现在，有人不遗余力地编造华为的‘安全故事’。但实际上这些故事与安全毫无关系。”

## 55. “即”误与冒号连用

**用法解析**

冒号已经起到了提示下文的作用，后面再加提示性词语“即”显得多此一举。

**媒体用例**

① 据悉，国内各个城市的住宅小区供电模式**一般有两种：即**由供电企业维护的“公变模式”和开发商设计施工的“专变模式”。

② 经过产业聚合，黄埔区化妆企业**具有“三大三多”的特点：即**企业规模大，产值大，行业影响力大；外资企业多（含台港澳资企业），自主品牌多，核心技术多。

**修改示例**

① 据悉，国内各个城市的住宅小区供电模式**一般有两种，即**由供电企业维护的“公变模式”和开发商设计施工的“专变模式”。

② 经过产业聚合，黄埔区化妆企业**具有“三大三多”的特点：**企业规模大，产值大，行业影响力大；外资企业多（含台港澳资企业），自主品牌多，核心技术多。

（第一个例句也可保留冒号，删去“即”。）

## 56. “是”误与冒号连用

**用法解析**

用了提示性的词语“是”，“是”前不能再使用冒号。

**媒体用例**

① **个人所得税中偶然所得：是**指个人得奖、中奖、中彩以及其他偶然性质的所得。

② **货物和服务贸易：是**指居民与非居民之间发生的货物贸易和服务贸易交易，与国际收支平衡表的口径相同。

**修改示例**

① **个人所得税中偶然所得是指**个人得奖、中奖、中彩以及其他偶然性质的所得。

② **货物和服务贸易是指**居民与非居民之间发生的货物贸易和服务贸易交易，与国际收支平衡表的口径相同。

## 57. 无停顿处误用冒号

**用法解析**

冒号是句内点号，要用在句中有停顿的地方，没有停顿的地方不能用冒号。

**媒体用例**

① 三九隆冬即将来临，民间有：“冬练三九”一说，此时锻炼既能增强体质，又能锻炼不惧严寒的意志。

②《尔雅》中也有：“荠菜甘，人取其叶作菹及羹亦佳”的说明。

**修改示例**

① 三九隆冬即将来临，民间有“冬练三九”一说，此时锻炼既能增强体质，又能锻炼不惧严寒的意志。

②《尔雅》中也有“荠菜甘，人取其叶作菹及羹亦佳”的说明。

## 58. 应用破折号而误用冒号

**用法解析**

破折号表示说明或注释，冒号用来提示下文，应用破折号的地方不要误用冒号。

**媒体用例**

① 雨声中夹杂着清脆响亮的歌谣声，我不由地放下毛笔，**向远处眺望：**小孩子们跑着，跳着，就像雨中的精灵正在举办喧闹的舞会，身上湿漉漉的，毫不在意雨水已经完全浸透了衣衫。

② 依托丰富的富硒资源和生态资源优势，**蕉岭县和蕉华区找到了一条合适的发展路子：**打造以大健康为主导产业的广东（梅州）大健康高科技产业园。

**修改示例**

① 雨声中夹杂着清脆响亮的歌谣声，我不由地放下毛笔，**向远处眺望——**小孩子们跑着，跳着，就像雨中的精灵正在举办喧闹的舞会，身上湿漉漉的，毫不在意雨水已经完全浸透了衣衫。

② 依托丰富的富硒资源和生态资源优势，**蕉岭县和蕉华区找到了一条合适的发展路子——**打造以大健康为主导产业的广东（梅州）大健康高科技产业园。

## 59. 冒号提示范围不当

**用法解析**

冒号提示范围的大小应与提示性话语保持一致，应避免冒号涵盖范围过窄或过宽。

**媒体用例**

① **骆驼还具备了种种抵御沙漠中恶劣条件的本领**：长而浓密的睫毛足以招架飞沙，保护眼睛；鼻孔能开闭，鼻孔内也有防沙挡土的瓣膜；耳内同样长满了用来拒沙的耳毛。**骆驼因脚掌宽大不仅能耐滚烫的沙粒，而且不会在沙中下陷。**

② **当地对于保险也有了更多的认知：保险就是我们头上的一把“保护伞”**，谢东城说，“有了‘保险’，霜冻、洪水、旱灾都不怕了，这样的好政策让我想起了以前政府取消农业税。”

**修改示例**

① **骆驼还具备了种种抵御沙漠中恶劣条件的本领**：长而浓密的睫毛足以招架飞沙，保护眼睛；鼻孔能开闭，鼻孔内也有防沙挡土的瓣膜；耳内同样长满了用来拒沙的耳毛；**脚掌宽大，不仅能耐滚烫的沙粒，而且不会在沙中下陷。**

② **当地对于保险也有了更多的认知：保险就是我们头上的一把“保护伞”**。谢东城说：“有了

‘保险’，霜冻、洪水、旱灾都不怕了，这样的好政策让我想起了以前政府取消农业税。”

## 60. 冒号套用

**用法解析**

应尽量避免出现套用两个甚至更多冒号的情形，否则会造成层次不清。当出现冒号套用的时候，可以考虑重新组织句子。如果免不了要套用冒号，应采取列举式或条文式的表述。

**媒体用例**

① 关于继承人范围和继承顺序，草案沿用了现行继承法的做法，**规定：遗产按照下列顺序继承：第一顺序：配偶、子女、父母。**

② **投资者提问：您好：**华为公司昨天发布了旗舰手机 P40 系列，此前公司曾披露过……

**修改示例**

① 关于继承人范围和继承顺序，草案沿用了现行继承法的做法，**规定遗产按照下列顺序继承：**

**第一顺序：配偶、子女、父母。**

② **投资者提问：您好，**华为公司昨天发布了旗舰手机 P40 系列，此前公司曾披露过……

## ◀引号误用▶

### 61. 应用书名号而误用引号

**用法解析**

“题为……”“以……为题”中的“题”，如果是诗文、图书、报告或其他作品可作为篇名、书名看待时，应该用书名号。

**媒体用例**

① 澳大利亚《金融评论》在其网站头条**以“中国削减税收，增加贷款以支撑放缓的经济”为题**刊文称，中国将削减数十亿美元的税费，增加基础设施投资，并加大对小公司的贷款等刺激措施，以促进经济增长。

②《俄罗斯报》在**题为“新疆教育白皮书回应西方批评”的文章**中指出，中国新疆依法建立、旨在打击恐怖主义与分离主义的教育培训中心，被西方政客、媒体诋毁污蔑成“监狱”，“完全是对极端主义的包庇和纵容”。

**修改示例**

① 澳大利亚《金融评论》在其网站头条**以《中国削减税收，增加贷款以支撑放缓的经济》为题**刊文称，中国将削减数十亿美元的税费，增加基础设

施投资，并加大对小公司的贷款等刺激措施，以促进经济增长。

②《俄罗斯报》在**题为《新疆教育白皮书回应西方批评》的文章**中指出，中国新疆依法建立、旨在打击恐怖主义与分离主义的教育培训中心，被西方政客、媒体诋毁污蔑成“监狱”，“完全是对极端主义的包庇和纵容”。

## 62. 横排文稿误用竖排文稿的引号

**用法解析**

横排文稿双引号是"“ ”"，单引号是"‘ ’"。竖排文稿双引号是"﹃ ﹄"，单引号是"﹁ ﹂"。横排文稿不要误用竖排文稿规定使用的引号。

**媒体用例**

① 不久前去漕宝路口的工商银行，看到取号机上方贴出了一幅『**高峰提示表**』，用最形象的『**表情包**』，直观告知储户，每月的二日、九日、十日和二十五日，每星期的周一和每天上午的九点、十点为业务高峰期，我一看会心一笑，当即拍了照片，储存在手机里。

② 活动首日，主办方为远道而来的玩家代表举办了一场以「**完美航天，探梦飞行**」为主题的欢迎晚会。

**修改示例**

① 不久前去漕宝路口的工商银行，看到取号机上方贴出了一幅"**高峰提示表**"，用最形象的"**表情包**"，直观告知储户，每月的二日、九日、十日和二十五日，每星期的周一和每天上午的九点、十点为业务高峰期，我一看会心一笑，当即拍了照片，储存在手机里。

② 活动首日，主办方为远道而来的玩家代表举办了一场以“完美航天，探梦飞行”为主题的欢迎晚会。

## 63. 应用双引号而误用单引号

**用法解析**

只有在引号中还需要用第二层引号时才用单引号。

**媒体用例**

有次，她在课堂上分享《‘一个人’的篮球队》的故事：热爱篮球的16岁少年叶沙因突发脑溢血不幸离世，其父母捐出他的器官让7位患者重获新生。

**修改示例**

有次，她在课堂上分享《“一个人”的篮球队》的故事：热爱篮球的16岁少年叶沙因突发脑溢血不幸离世，其父母捐出他的器官让7位患者重获新生。

## 64. 引号标引范围不当

**用法解析**

带月、日的事件或节日，通常只标引其中的月和日。需要突出和强调该事件或节日本身时，也可连事件或节日一起标引。

**媒体用例**

① 汽车发动机、轮胎等频频被爆出质量问题，家居用品、化妆品领域虚假广告层出不穷，老年人购买保健品频繁上当……一年一度的**“3·15 国际消费者权益日”**如约而至，大众也再次将视线聚焦在各种消费陷阱及维权话题上。

② 据了解，梅县区此次举行纪念**“5·12 国际护士节”**系列活动，旨在激励全区护理工作者继承和发扬南丁格尔“燃烧自己，照亮别人”的人道主义精神，爱岗敬业，甘于奉献，充分发挥先进典型示范引领作用，展现梅县区护理工作者良好形象，促进全区护理事业健康发展。

**修改示例**

① 汽车发动机、轮胎等频频被爆出质量问题，家居用品、化妆品领域虚假广告层出不穷，老年人购买保健品频繁上当……一年一度的**“3·15”国际消费者权益日**如约而至，大众也再次将视线聚焦在

各种消费陷阱及维权话题上。

② 据了解，梅县区此次举行纪念**“5·12”国际护士节**系列活动，旨在激励全区护理工作者继承和发扬南丁格尔“燃烧自己，照亮别人”的人道主义精神，爱岗敬业，甘于奉献，充分发挥先进典型示范引领作用，展现梅县区护理工作者良好形象，促进全区护理事业健康发展。

## 65. 滥用引号

**用法解析**

引号主要标示的是要着重论述的对象或具有特殊意义的词语。在没有特殊意义或特殊作用的词语上加引号，是滥用引号的表现。

**媒体用例**

① 不历严冬霜雪，难迎春光潋滟——这是四季的巧思：她许你最好的，但要让你耐心等待。这也是时间的注脚：要你用眼睛、脸庞、双手去触碰“**过往**”的痕迹。

② 作为一个“**过来人**”，我想说，既然作出了选择，就不要动辄后悔。

**修改示例**

① 不历严冬霜雪，难迎春光潋滟——这是四季的巧思：她许你最好的，但要让你耐心等待。这也是时间的注脚：要你用眼睛、脸庞、双手去触碰**过往**的痕迹。

② 作为一个**过来人**，我想说，既然作出了选择，就不要动辄后悔。

## ◀括号误用▶

### 66. 句内括号误用在句外

**用法解析**

句内括号用于注释句子中的某些词语，本身就是句子的一部分，应紧接在被注释的词语之后。

**媒体用例**

① 换言之，这种设计颠覆了人们对“车长定空间”的传统认知，使 T-Roc 探歌拥有同级更大的“净值空间”。(**“净值空间”衡量的是前排司机脚掌到后排乘客坐姿中心的距离，这个距离是作为汽车的使用者真正可以得到的有效车内空间**)。

② 1986 年,《中国作家》刊登了《中国的“小皇帝”》文章，文中称独生子女们“凌驾于家庭、父母及亲属之上”，“几乎无一例外地患上了‘四二一’综合征”。(**“四二一”是指由四个老人、一对夫妻和一个孩子组成的家庭结构。**)

**修改示例**

① 换言之，这种设计颠覆了人们对“车长定空间”的传统认知，使 T-Roc 探歌拥有同级更大的“净值空间”(**“净值空间”衡量的是前排司机脚**

掌到后排乘客坐姿中心的距离，这个距离是作为汽车的使用者真正可以得到的有效车内空间）。

② 1986 年,《中国作家》刊登了《中国的“小皇帝”》文章，文中称独生子女们“凌驾于家庭、父母及亲属之上”,“几乎无一例外地患上了‘四二一’综合征”（“四二一”指由四个老人、一对夫妻和一个孩子组成的家庭结构）。

## 67. 句外括号误用在句内

**用法解析**

句外括号用于注释句子、句群或段落，不属于前面的句子、句群或段落，应位于所注释语段的句末点号之后。

**媒体用例**

① 小区居民许玲玲今年 66 岁，原本是一位小学教师，后来做过学校的教导主任，上海话很标准，教学经验也很丰富。她曾在小区文化活动室学健身舞蹈，学打腰鼓，学民族舞，也是小区志愿者，所以当居委会邀请她来教授上海话时，她乐意地接受了（**该班开课至今 9 年，许老师因家中有事，另一位楼启荣老师曾接替上过一段时间的课**）。

② 从 2002 年日韩世界杯算起，过去 18 年国足先后经历米卢、阿里汉、福拉多、杜伊、卡马乔、佩兰、里皮 7 任外籍主帅，其间只有朱广沪和高洪波两位本土教练短暂执教（**殷铁生曾任国足临时主教练**）。

**修改示例**

① 小区居民许玲玲今年 66 岁，原本是一位小学教师，后来做过学校的教导主任，上海话很标准，教学经验也很丰富。她曾在小区文化活动室

学健身舞蹈，学打腰鼓，学民族舞，也是小区志愿者，所以当居委会邀请她来教授上海话时，她乐意地接受了。（**该班开课至今9年，许老师因家中有事，另一位楼启荣老师曾接替上过一段时间的课。**）

② 从2002年日韩世界杯算起，过去18年国足先后经历米卢、阿里汉、福拉多、杜伊、卡马乔、佩兰、里皮7任外籍主帅，其间只有朱广沪和高洪波两位本土教练短暂执教。（**殷铁生曾任国足临时主教练**）

## 68. 应用方括号或六角括号而误用圆括号

**用法解析**

括号的主要形式是圆括号，其他形式还有方括号、六角括号和方头括号。这些形式并不是自由选用的，而是各有自己的使用范围。标示作者国籍或所属朝代时，应用方括号或六角括号，不用圆括号。

**媒体用例**

①《历史与记忆中的第三帝国》

作者:（英）理查德·埃文斯

译者：梁本彬、孙匀

版本：中信出版社 2018 年 11 月

② 此次展出主办方特地制作 1:1 高仿品，对比陈佩秋先生的研究文字，包括有（唐）周昉《簪花仕女图》、（宋）王诜《烟江叠嶂图》、（北宋）李成《茂林远岫图》、（晋）王羲之《上虞帖》、（唐）怀素《论书帖》与《小草千文》。

**修改示例**

①《历史与记忆中的第三帝国》

作者:〔英〕理查德·埃文斯

译者：梁本彬、孙匀

版本：中信出版社 2018 年 11 月

② 此次展出主办方特地制作 1:1 高仿品，对比

陈佩秋先生的研究文字，包括有〔唐〕周昉《簪花仕女图》、〔宋〕王诜《烟江叠嶂图》、〔北宋〕李成《茂林远岫图》、〔晋〕王羲之《上虞帖》、〔唐〕怀素《论书帖》与《小草千文》。

（也可使用方括号标示国籍或朝代。）

## 69. 应用六角括号而误用方括号或圆括号

**用法解析**

标示公文发文字号中的发文年份时，应使用六角括号。

**媒体用例**

① 党中央、国务院高度重视旅游业的发展，近年来连续发出了《国务院关于促进旅游业改革发展的若干意见》（**国发 [2014]31 号**），国务院办公厅《关于进一步促进旅游投资和消费的若干意见》（**国办发 [2015]62 号**），国务院办公厅《关于促进全域旅游发展的指导意见》（**国办发 [2018]15 号**）等多个促进旅游业发展的文件。

② 5 月 17 日，银保监会官网发布的**银保监发（2019）23 号**文称，商业银行、信托、租赁等金融机构不得违规进行房地产融资。

**修改示例**

① 党中央、国务院高度重视旅游业的发展，近年来连续发出了《国务院关于促进旅游业改革发展的若干意见》（**国发〔2014〕31 号**），国务院办公厅《关于进一步促进旅游投资和消费的若干意见》（**国办发〔2015〕62 号**），国务院办公厅《关于促进全域旅游发展的指导意见》（**国办发〔2018〕

**15 号**）等多个促进旅游业发展的文件。

②5 月 17 日，银保监会官网发布的**银保监发〔2019〕23 号文**称，商业银行、信托、租赁等金融机构不得违规进行房地产融资。

## 70. 同一形式括号套用

**用法解析**

同一形式的括号应尽量避免套用，必须套用括号时，可采用不同的括号形式配合使用。

**媒体用例**

① 这一支出约占日本家庭平均收入（**2017 年日本家庭的平均年收入为 560 万日元（约合 35 万人民币**））的五分之一。

② 从 2015 年开始，深圳中考生在 200 米跑和中长跑（**800 米（女）和 1000 米（男）**）中自行选择一项作为必考科目，同时须在 6 个自选项目中任选一个项目进行测试。

**修改示例**

① 这一支出约占日本家庭平均收入（**2017 年日本家庭的平均年收入为 560 万日元，约合 35 万人民币**）的五分之一。

② 从 2015 年开始，深圳中考生在 200 米跑和中长跑（**女子 800 米、男子 1000 米**）中自行选择一项作为必考科目，同时须在 6 个自选项目中任选一个项目进行测试。

## 71. 滥用括号

**用法解析**

括号标示语段中的注释内容、补充说明或其他特定意义的语句。本应在正文中说的话却被当作解释补充性的内容，加上括号，这属于括号滥用。行文中括注不宜用得太多，否则会不时打断正文，干扰阅读。

**媒体用例**

① 大家都要“发财”，共产党员要带领大家“发财”，实现共同富裕，自己却要经得起“发财”的考验和诱惑，要有众人皆富，我也守得住清贫的定力（**事实上，水涨船高，干部的生活也在改善中**）。

② 1966 年 3 月 15 日，在裴文中先生主持下，对周口店北京猿人遗址进行了再次发掘（**参加发掘的有顾玉珉、柴凤歧等，还有越南留学生杜文宁**）。

**修改示例**

① 大家都要“发财”，共产党员要带领大家“发财”，实现共同富裕，自己却要经得起“发财”的考验和诱惑，要有众人皆富，我也守得住清贫的定力。**事实上，水涨船高，干部的生活也在改善中**。

② 1966 年 3 月 15 日，在裴文中先生主持下，对周口店北京猿人遗址进行了再次发掘，参加发掘的有顾玉珉、柴凤歧等，还有越南留学生杜文宁。

## 破折号误用

### 72. 提示性词语误与破折号连用

**用法解析**

破折号有解释说明上文的作用，提示性词语“即”“就是”等与破折号连用，意思重复。

**媒体用例**

特斯拉经常提到的“加速全球向可持续能源转变”，其实是公司愿景的简化版，**即——促进人类从不可持续的油气经济逐渐走向可持续的光电经济**。

**修改示例**

特斯拉经常提到的“加速全球向可持续能源转变”，其实是公司愿景的简化版，**即促进人类从不可持续的油气经济逐渐走向可持续的光电经济**。

（也可保留破折号，删除“即”，破折号前不加逗号。）

## 73. 应用括号而误用破折号

**用法解析**

破折号和括号都可用于解释说明，前者引出的解释说明是正文的一部分，后者引出的解释说明只是注释，而非正文。

**媒体用例**

① 秦志伟看着棚里残破的薄膜说，今年菜价“奇好”，但只能用于“打饥荒”——**“打饥荒”的意思是，还债**。

② 神经网络像电线（缆）一样复杂，人脑中，上千亿的细胞连在一起，送出很多导线——**我们叫轴突**，跟其他细胞做联接，最终形成了这一网络。

**修改示例**

① 秦志伟看着棚里残破的薄膜说，今年菜价“奇好”，但只能用于“打饥荒”（**还债**）。

② 神经网络像电线（缆）一样复杂，人脑中，上千亿的细胞连在一起，送出很多导线（**也叫轴突**），跟其他细胞做联接，最终形成了这一网络。

## 74. 滥用破折号

**用法解析**

破折号可表示语段中某些成分的注释、补充说明，可表示话题或语气的转变，也可表示声音的延长，但若不表示上述内容，则不能滥用。

**媒体用例**

① 对于这种“不用电线、不需铁轨、无人挽之、无牛马牵之”的交通工具，**国人——尤其是青年**，表现出了浓厚的兴趣。

② 据澳门旅游局局长文绮华介绍，**澳门在2017年被联合国教科文组织评为——“创意城市美食之都”**，2018年推行了“2018澳门美食年”活动，又于2016年、2018年及2019年举办“澳门国际美食论坛”，这些为澳门又增添了一张亮丽的国际名片。

**修改示例**

① 对于这种“不用电线、不需铁轨、无人挽之、无牛马牵之”的交通工具，**国人，尤其是青年**，表现出了浓厚的兴趣。

② 据澳门旅游局局长文绮华介绍，**澳门在2017年被联合国教科文组织评为“创意城市美食之都”**，2018年推行了“2018澳门美食年”活动，

又于 2016 年、2018 年及 2019 年举办“澳门国际美食论坛”，这些为澳门又增添了一张亮丽的国际名片。

## 75. 漏用破折号

**用法解析**

标示句中插入语时，插入语前后都应使用破折号。

**媒体用例**

① 小说将背景放在俄亥俄温斯堡小城，**聚焦小城中“畸人”——实际也是如你我一般的普通人的情感。**

② 他绝不像传说中的那样“傻”，那样“痴”，而是一个很有政治头脑的科学家。**接着他又向我们讲述了——实际是控诉“四人帮”借所谓“批邓”，企图利用他栽赃、诬陷邓小平同志的罪恶行径。**

**修改示例**

① 小说将背景放在俄亥俄温斯堡小城，**聚焦小城中“畸人”——实际也是如你我一般的普通人——的情感。**

② 他绝不像传说中的那样“傻”，那样“痴”，而是一个很有政治头脑的科学家。**接着他又向我们讲述了——实际是控诉——“四人帮”借所谓“批邓”，企图利用他栽赃、诬陷邓小平同志的罪恶行径。**

# 省略号误用

## 76. “等”类词语误与省略号连用

**用法解析**

大多数情况下，“等”“等等”表示列举未尽，其功能与省略号相当，不能与省略号同时出现。需要读出来的地方用“等”“等等”，不用省略号。

**媒体用例**

① 在中秋节，学院会为因为军训而无法回家的大一新生们举办集体生日会，**通过戴“新生冠”、点“希望蜡烛”、送祝福、寄家书……等一系列简单而特别的仪式表达传统节日背后的独特情感记忆**，传递节日的意义和教育的温度，让节日过得更有趣，有料，有味。

② 本次展览特设殿堂成就区——**陈垣、徐旭生、郭沫若、黄文弼、顾颉刚、范文澜、郭宝钧、陈翰笙、郑振铎……等几十位史学大师**，每个名字都像一把高高举起的火炬，照亮了中国历史研究前进的道路，展览以学术大师之名向新中国70年来取得的辉煌成就致敬。

**修改示例**

① 在中秋节，学院会为因为军训而无法回家

的大一新生们举办集体生日会，**通过戴“新生冠”、点“希望蜡烛”、送祝福、寄家书等一系列简单而特别的仪式表达传统节日背后的独特情感记忆**，传递节日的意义和教育的温度，让节日过得更有趣，有料，有味。

② 本次展览特设殿堂成就区——**陈垣、徐旭生、郭沫若、黄文弼、顾颉刚、范文澜、郭宝钧、陈翰笙、郑振铎等几十位史学大师**，每个名字都像一把高高举起的火炬，照亮了中国历史研究前进的道路，展览以学术大师之名向新中国70年来取得的辉煌成就致敬。

## 77. 在没有省略的地方误用省略号

**用法解析**

句子中没有省略的内容，不需要用省略号。应避免滥用省略号。

**媒体用例**

① 仿佛王菲《**我愿意**》、**辛晓琪**《**味道**》……的旋律还在耳边，可是好像又已经有些遥远了。

② 六月的上海酷热难当，白天人们躲在自家的房间里，街道冷冷清清的，知了在树丛里鸣唱，偶尔窗外会飘来**栀子花、白兰花**……的叫卖声。

**修改示例**

① 仿佛王菲《**我愿意**》、**辛晓琪**《**味道**》的旋律还在耳边，可是好像又已经有些遥远了。

② 六月的上海酷热难当，白天人们躲在自家的房间里，街道冷冷清清的，知了在树丛里鸣唱，偶尔窗外会飘来**栀子花、白兰花**的叫卖声。

## 78. 误把六个圆点当作省略号

**用法解析**

省略号有其固有的形式，不能由六个圆点“.”组成。只有上下居中的“……”是规范的省略号形式。

**媒体用例**

① **视频、直播、漫画、H5......** 在传播渠道越来越多样化的今天，要想在南方号·珠海矩阵上成为“流量王”，形式和内容的多变是关键。

② **抹桌子、洗碗筷、擦玻璃、做一道味美佳肴** ...... 这些满满的正能量让大家都感觉暖暖的。

**修改示例**

① **视频、直播、漫画、H5……**在传播渠道越来越多样化的今天，要想在南方号·珠海矩阵上成为“流量王”，形式和内容的多变是关键。

② **抹桌子、洗碗筷、擦玻璃、做一道味美佳肴**……这些满满的正能量让大家都感觉暖暖的。

## ◀连接号误用▶

### 79. 应用短横线而误用一字线（一）

**用法解析**

连接号码，包括门牌号码、电话号码，以及用阿拉伯数字表示年月日等，应用短横线连接号“-”，不用一字线连接号“—”。

**媒体用例**

① 对于举报有功人员，公安机关将按照“每箱20元，最高2万元”的标准予以奖励。举报电话：110、**010—62074289**。

② 据白云机场相关部门负责人介绍，春运期间机场加大了志愿者的引导并把引导服务前置到地铁口。如果旅客仍不清楚，还可拨打客服热线**020—96158**求助。

**修改示例**

① 对于举报有功人员，公安机关将按照“每箱20元，最高2万元”的标准予以奖励。举报电话：110、**010-62074289**。

② 据白云机场相关部门负责人介绍，春运期间机场加大了志愿者的引导并把引导服务前置到地铁口。如果旅客仍不清楚，还可拨打客服热线**020-96158**求助。

## 80. 应用短横线而误用一字线（二）

**用法解析**

产品名称和型号，应用短横线“-”。

**媒体用例**

① 此次发布会上，万事泰集团的研发人员还带来了 **MFM—002** 冲奶机，这是万事泰继 **MFM—001** 智能冲奶机后，又一冲奶机系列创新产品。

② 今年 3 月，伊朗航空公司一架**福克 —100 型**客机从伊朗南部格什姆岛起飞，因起落架未能正常打开，在首都德黑兰麦赫拉巴德机场紧急降落。

**修改示例**

① 此次发布会上，万事泰集团的研发人员还带来了 **MFM-002** 冲奶机，这是万事泰继 **MFM-001** 智能冲奶机后，又一冲奶机系列创新产品。

② 今年 3 月，伊朗航空公司一架**福克 -100 型**客机从伊朗南部格什姆岛起飞，因起落架未能正常打开，在首都德黑兰麦赫拉巴德机场紧急降落。

## 81. 应用短横线而误用一字线（三）

**用法解析**

外来语内部的分合，应用短横线“-”。

**媒体用例**

① 法国亿万富翁**弗朗索瓦—亨利·皮诺**已经表示，将出资1亿欧元（约合7.6亿元人民币）帮助重建巴黎圣母院。

② 一些人健身时喜欢后退跑，跑50米、100米……英国32岁女子**尚特尔·加斯顿—赫德**喜欢后退跑，不是一般喜欢。

**修改示例**

① 法国亿万富翁**弗朗索瓦-亨利·皮诺**已经表示，将出资1亿欧元（约合7.6亿元人民币）帮助重建巴黎圣母院。

② 一些人健身时喜欢后退跑，跑50米、100米……英国32岁女子**尚特尔·加斯顿-赫德**喜欢后退跑，不是一般喜欢。

## 82. 应用短横线而误用一字线（四）

**用法解析**

在复合名词中起连接作用，应用短横线“-”。

**媒体用例**

① **阿盟—欧盟峰会**是一个激活双方合作的新机制，有助于双方携手解决一些重大地区性问题。

②“**中国—捷克中医中心**”是捷克乃至中东欧国家第一所由政府支持的中医中心，也是第一个列入由两国元首共同签署的国与国之间建立战略伙伴关系文本中的“海外中医中心”。

**修改示例**

① **阿盟-欧盟峰会**是一个激活双方合作的新机制，有助于双方携手解决一些重大地区性问题。

②“**中国-捷克中医中心**”是捷克乃至中东欧国家第一所由政府支持的中医中心，也是第一个列入由两国元首共同签署的国与国之间建立战略伙伴关系文本中的“海外中医中心”。

## 83. 应用一字线或浪纹线而误用短横线（一）

**用法解析**

标示相关项目（如时间、地域等）的起止，一般用一字线连接号“—”，有时也可用浪纹线“～”，不宜用短横线“-”。

**媒体用例**

① 上海、杭州、南京、合肥四大城市成为长三角地区科研合作网络的核心节点。四大核心城市中，上海“首位城市”地位明显，形成了“**上海-南京**”G42 沿线、“**上海-杭州**”G60 沿线的科研合作主干线，以及“**上海-合肥**”、“**南京-杭州**”的次级干线。

② **2017-2018 年**完成市级建设项目水影响评价 542 件，核减新取水量 517 万立方米。

**修改示例**

① 上海、杭州、南京、合肥四大城市成为长三角地区科研合作网络的核心节点。四大核心城市中，上海“首位城市”地位明显，形成了“**上海—南京**”G42 沿线、“**上海—杭州**”G60 沿线的科研合作主干线，以及“**上海—合肥**”“**南京—杭州**”的次级干线。

② **2017—2018 年**完成市级建设项目水影响评价 542 件，核减新取水量 517 万立方米。

## 84. 应用一字线或浪纹线而误用短横线（二）

**用法解析**

标示数值范围（由阿拉伯数字或汉字数字构成）的起止，一般用一字线连接号“—”，有时也可用浪纹线“～”，不宜用短横线“-”。

**媒体用例**

① 针对县镇市场，苏宁将联合美的、TCL、创维等众多一线家电品牌，借助“双品网购节”，通过城乡联动，加强对**四-六线**市场消费者品质、品牌消费的引导，推动好产品、好服务、好价格“三好”下乡，进一步推动县镇消费升级。

② 循环寿命最高可达2500次，搭配整车平台，可轻松实现5年50万公里连续运营，并可在**-30℃-55℃**的温度中工作。

**修改示例**

① 针对县镇市场，苏宁将联合美的、TCL、创维等众多一线家电品牌，借助“双品网购节”，通过城乡联动，加强对**四—六线**市场消费者品质、品牌消费的引导，推动好产品、好服务、好价格“三好”下乡，进一步推动县镇消费升级。

② 循环寿命最高可达2500次，搭配整车平台，可轻松实现5年50万公里连续运营，并可

在 **-30℃ —55℃**的温度中工作。

（例①一字线也可改为“至”或“到”，例②一字线也可改为浪纹线。）

## 85. 误把下脚点当作间隔号

**用法解析**

间隔号是一个中圆点“·”，应注意不要将其与下脚点“.”混淆使用。

**媒体用例**

①“**9.11**”袭击发生后，由于19名主要参与者中有15人来自沙特，沙特再也无法因为与美国是战略盟友而“豁免”，其保守的社会传统和易被极端分子利用的瓦哈比意识形态等频繁受到西方特别是美国舆论的质疑和诟病。

②在“**3.15**”国际消费者权益日来临之际，为提高辖区居民维权意识，预防消费类矛盾纠纷发生，昌平区各司法所开展多种形式消费者权益日活动。

**修改示例**

①“**9·11**”袭击发生后，由于19名主要参与者中有15人来自沙特，沙特再也无法因为与美国是战略盟友而“豁免”，其保守的社会传统和易被极端分子利用的瓦哈比意识形态等频繁受到西方特别

是美国舆论的质疑和诟病。

② 在“**3·15**”国际消费者权益日来临之际，为提高辖区居民维权意识，预防消费类矛盾纠纷发生，昌平区各司法所开展多种形式消费者权益日活动。

## 86. 间隔号多余

**用法解析**

以月、日为标志的事件或节日，用汉字数字表示时，只在一、十一和十二月后用间隔号。

**媒体用例**

①《诵帚盦词》是刘永济自己的词集，收录了他自 1931 年“**九·一八**”**事变**爆发至 1949 年新中国成立期间创作的词作。

② 来华后的第四天，“**五·四**”**运动**爆发，杜威立即投以关注的目光。

**修改示例**

①《诵帚盦词》是刘永济自己的词集，收录了他自 1931 年“**九一八**”**事变**爆发至 1949 年新中国成立期间创作的词作。

② 来华后的第四天，“**五四**”**运动**爆发，杜威立即投以关注的目光。

## 87. 漏用间隔号

**用法解析**

以月、日为标志的事件或节日，用阿拉伯数字表示时，月、日之间需要加间隔号，而且应为半角字符间隔号。

**媒体用例**

① 现在监狱因禁了 376 名囚犯，包括**“911”袭击**、1995 年俄克拉何马城爆炸案及波士顿马拉松爆炸案的主犯。

② 今年 30 出头的柴冬莉是汶川人，**“512”地震**发生时，怀孕 5 个月的她曾被压在废墟下。

**修改示例**

① 现在监狱因禁了 376 名囚犯，包括**“9·11”袭击**、1995 年俄克拉何马城爆炸案及波士顿马拉松爆炸案的主犯。

② 今年 30 出头的柴冬莉是汶川人，**“5·12”地震**发生时，怀孕 5 个月的她曾被压在废墟下。

# 书名号误用

## 88. 课程名称误用书名号

**用法解析**

书名号除了用来标示书名、卷名、篇名、刊物名、报纸名、文件名外，也可以标示电影、电视、音乐、诗歌、雕塑等各类用文字、声音、图像等表现的作品的名称，全中文或中文在名称中占主导地位的软件名，以及作品名的简称等。尽管书名号不限于标示书名、篇名等，但也不能滥用。不能视为作品的课程名称不能用书名号标示。

**媒体用例**

① 在课程形式上，我们认识到，时事热点变动不居，**《深度中国》课程**内容必须跟上形势变化节奏，专题式教学就成为课程形式的最佳选项。

② 北航投资和经管学院已开设**《创业基础与实务》课程**，聘请成功创业者、大企业高管、投资界大咖授课。

**修改示例**

① 在课程形式上，我们认识到，时事热点变动不居，**“深度中国”课程**内容必须跟上形势变化节奏，专题式教学就成为课程形式的最佳选项。

②北航投资和经管学院已开设“**创业基础与实务”课程**，聘请成功创业者、大企业高管、投资界大咖授课。

## 89. 课题名称误用书名号

**用法解析**

不能视为作品的课题名称不能用书名号标示。

**媒体用例**

① 2018 年，上海市环科院公布了**《上海市家庭厨余垃圾破碎直排可行性研究》课题**取得的最新成果，它算了一笔经济账：如果上海有 10% 的家庭能够普及家庭厨余垃圾破碎直排系统，那么每天就能从源头减量该市生活垃圾 1300 多吨，每天直接减少的垃圾焚烧厂处理费用为 89.86 万元，每天直接降低垃圾填埋场处理费用达 13.9 万元。

② 北京青年报记者从天坛公园管理处获悉，天坛公园已完成**《天坛公园科普传媒资源库的构建与利用》课题**研究，通过挖掘利用园内人文自然科普资源，开发活动并制成教案，基本形成了科普活动常态化体系。

**修改示例**

① 2018 年，上海市环科院公布了**“上海市家庭厨余垃圾破碎直排可行性研究”课题**取得的最新成果，它算了一笔经济账：如果上海有 10% 的家庭能够普及家庭厨余垃圾破碎直排系统，那么每天就能从源头减量该市生活垃圾 1300 多吨，每天直

接减少的垃圾焚烧厂处理费用为 89.86 万元，每天直接降低垃圾填埋场处理费用达 13.9 万元。

② 北京青年报记者从天坛公园管理处获悉，天坛公园已完成**“天坛公园科普传媒资源库的构建与利用”课题**研究，通过挖掘利用园内人文自然科普资源，开发活动并制成教案，基本形成了科普活动常态化体系。

## 90. 奖项名称误用书名号

**用法解析**

不能视为作品的奖品、奖状等名称不能用书名号标示。

**媒体用例**

① 他的作品多次在国内外获奖，曾获中国漫画最高奖《**金猴奖**》，其作品《四大发明的反思》获第七届全国美展银奖。

② 盖立亚带领的研发团队接连在高速、高精、复合（五轴联动）三大系列数控机床上取得重大突破，一举打破国外技术垄断，同时获得多项发明专利和《**国家机械工业科技进步奖**》等多个奖项。

**修改示例**

① 他的作品多次在国内外获奖，曾获中国漫画最高奖**金猴奖**，其作品《四大发明的反思》获第七届全国美展银奖。

② 盖立亚带领的研发团队接连在高速、高精、复合（五轴联动）三大系列数控机床上取得重大突破，一举打破国外技术垄断，同时获得多项发明专利和**国家机械工业科技进步奖**等多个奖项。

## 91. 商标、证照名称误用书名号

**用法解析**

不能视为作品的商标、证照名称不能用书名号标示。

**媒体用例**

① 在此之前，食品经营企业要想变更企业名称，需要先变更《**营业执照**》，再变更《**食品经营许可证**》，这样就会造成办事人多次往返。

② 一份由大兴安岭地区人民医院出具的《**出院证**》显示，高媛媛存在“创伤后应激障碍，躯体化障碍”，经过营养神经对症治疗，加强心理疏导后，医院建议“转上级医院进一步诊治”。

**修改示例**

① 在此之前，食品经营企业要想变更企业名称，需要先变更**营业执照**，再变更**食品经营许可证**，这样就会造成办事人多次往返。

② 一份由大兴安岭地区人民医院出具的**出院证**显示，高媛媛存在“创伤后应激障碍，躯体化障碍”，经过营养神经对症治疗，加强心理疏导后，医院建议“转上级医院进一步诊治”。

## 92. 组织机构名称误用书名号

**用法解析**

组织机构名称不能用书名号标示。

**媒体用例**

① 1980 年,《**人民出版社**》出版了《热血日报》影印件合订本。

②《**路透社**》刊文称，2018 年上半年埃及的旅游总产值与 2016 年同期相比增长了约 77%，达 48 亿美元，来埃及的游客数量同比增长 41%，约 500 万。

**修改示例**

① 1980 年，**人民出版社**出版了《热血日报》影印件合订本。

② **路透社**刊文称，2018 年上半年埃及的旅游总产值与 2016 年同期相比增长了约 77%，达 48 亿美元，来埃及的游客数量同比增长 41%，约 500 万。

## 93. 会议名称误用书名号

### 用法解析

会议名称不能用书名号标示。

### 媒体用例

①《**中国益生菌产业发展国际研讨会**》围绕“中国益生菌产业的发展”“促进具有自主知识产权菌种和生产技术的研究和开发”“如何提升国际竞争力，打造具有中国特色的益生菌产品”“以民族产业为己任，助推益生菌产业的本土化”“如何促进益生菌在食品和健康保健领域的广泛应用”等内容进行专题演讲和学术交流。

② 2019 年 10 月 25 日，东易日盛集团旗下的易日通成功举办了《**易日通家装供应商新零售仓售发布会**》，打造出新的家装供应商零售仓售模式。

### 修改示例

① **中国益生菌产业发展国际研讨会**围绕“中国益生菌产业的发展”“促进具有自主知识产权菌种和生产技术的研究和开发”“如何提升国际竞争力，打造具有中国特色的益生菌产品”“以民族产业为己任，助推益生菌产业的本土化”“如何促进益生菌在食品和健康保健领域的广泛应用”等内容进行专题演讲和学术交流。

② 2019 年 10 月 25 日，东易日盛集团旗下的易日通成功举办了**易日通家装供应商新零售仓售发布会**，打造出新的家装供应商零售仓售模式。

## 94. 活动名称误用书名号

**用法解析**

活动名称不能用书名号标示。

**媒体用例**

① 以儿童青少年近视综合干预项目为例，4—6 月，石龙对辖区内近 16000 名学生开展视力健康普查，借助“健康石龙”平台推出大型线上**《石龙镇近视综合干预知识答题》活动**，共有 9047 人次参与答题活动，参与答题总次数共 188356 次。

② 据了解，为促进实体书店良好发展势头，更好地营造书香社会氛围，北京市委宣传部将继续推出**《遇见一家书店》征文活动**。

**修改示例**

① 以儿童青少年近视综合干预项目为例，4—6 月，石龙对辖区内近 16000 名学生开展视力健康普查，借助“健康石龙”平台推出大型线上**石龙镇近视综合干预知识答题活动**，共有 9047 人次参与答题活动，参与答题总次数共 188356 次。

② 据了解，为促进实体书店良好发展势头，更好地营造书香社会氛围，北京市委宣传部将继续推出**“遇见一家书店”征文活动**。

## 95. 展览、晚会等名称误用书名号

**用法解析**

展览、文艺晚会等名称不能用书名号标示。特定情况下将某项展览作为一种创作的作品时可用书名号。以文艺晚会特指一种节目名称时也可用书名号。

**媒体用例**

① 近期，**《锦绣和平——梁雪芳刺绣艺术展》**在侵华日军南京大屠杀遇难同胞纪念馆举办，受到了观众和社会各界的广泛关注。

② 为致敬新中国成立 70 周年，北京电视台生活频道携手北京市建筑设计研究院有限公司推出**《“国之都·梦之城”大型主题晚会》**，用编年体的方式，集中展现北京城市恢弘变迁的成就史。

**修改示例**

① 近期，**“锦绣和平——梁雪芳刺绣艺术展”**在侵华日军南京大屠杀遇难同胞纪念馆举办，受到了观众和社会各界的广泛关注。

② 为致敬新中国成立 70 周年，北京电视台生活频道携手北京市建筑设计研究院有限公司推出**“国之都·梦之城”大型主题晚会**，用编年体的方式，集中展现北京城市恢弘变迁的成就史。

## 96. 主题名称误用书名号

**用法解析**

“题为……”“以……为题”中的“题”，如果是写作、科研、辩论、谈话的主题，而非特定作品的标题，应该用引号。

**媒体用例**

① 去年 4 月 18 日，李卉在上海举办了**一场主题为《中国职业教育如何注入国际化元素》的国际教育论坛会**，邀请了加拿大魁北克、温哥华等地的 20 多名专家和上海、安徽、江苏、浙江、广东等地的职业学校负责人共同交流，希望为准备出国的留学生们提供更多的思路和职业选择方向。

② 在日照，团市委、市少工委**以《小手拉大手　众志成城抗击疫情》为题**，向全市少先队员、少先队辅导员发出战“疫”微视频征集令。

**修改示例**

① 去年 4 月 18 日，李卉在上海举办了**一场主题为“中国职业教育如何注入国际化元素”的国际教育论坛会**，邀请了加拿大魁北克、温哥华等地的 20 多名专家和上海、安徽、江苏、浙江、广东等地的职业学校负责人共同交流，希望为准备出国的留学生们提供更多的思路和职业选择方向。

② 在日照，团市委、市少工委**以“小手拉大手　众志成城抗击疫情”为题**，向全市少先队员、少先队辅导员发出战“疫”微视频征集令。

## 97. 丛书名称误用书名号

**用法解析**

“丛刊”“文库”“系列”“书系”等作为系列著作的选题名，宜用引号标引。

**媒体用例**

**《乡村振兴探索丛书》《乡村电子商务丛书》《日光温室设计建造研究与利用丛书》**等项目服务乡村振兴战略，对于推进农业农村发展具有重要意义。

**修改示例**

**“乡村振兴探索丛书”“乡村电子商务丛书”“日光温室设计建造研究与利用丛书”**等项目服务乡村振兴战略，对于推进农业农村发展具有重要意义。

## 98. 书名号标示范围不当

**用法解析**

书名后面表示该作品所属类别的普通名词不标在书名号内。书名带有括注时，如果括注的是书名、篇名等的一部分，应放在书名号之内。

**媒体用例**

① 在铜陵市，和天井书院一样的网红阅读点还有坐落在长江边上的滨江码头书屋，它最近被**《建筑师杂志》**评为“中国 25 个最美书屋”之一。

② 今年 7 月，佛冈县制定**《佛冈县建设新时代文明实践中心工作实施方案》（试行）**，积极推进新时代文明实践工作。

**修改示例**

① 在铜陵市，和天井书院一样的网红阅读点还有坐落在长江边上的滨江码头书屋，它最近被**《建筑师》**杂志评为“中国 25 个最美书屋”之一。

② 今年 7 月，佛冈县制定**《佛冈县建设新时代文明实践中心工作实施方案（试行）》**，积极推进新时代文明实践工作。

## 99. 单书名号形式有误

**用法解析**

单书名号的形式为“〈 〉”，不是小于号和大于号的组合“<>”。

**媒体用例**

① 另据介绍，去年市文物局印发《关于进一步落实国家文物局 < **长城保护员管理办法** > 的通知》，要求各区根据实际情况制定本区实施细则，落实聘用职责、绩效考核、工资待遇等问题。

② 前不久，广东省委、省政府在《关于贯彻落实 < **粤港澳大湾区发展规划纲要** > 的实施意见》中提出“争取国家支持，规划建设广州至河源、深圳至汕尾等高铁项目”。

**修改示例**

① 另据介绍，去年市文物局印发《关于进一步落实国家文物局〈**长城保护员管理办法**〉的通知》，要求各区根据实际情况制定本区实施细则，落实聘用职责、绩效考核、工资待遇等问题。

② 前不久，广东省委、省政府在《关于贯彻落实〈**粤港澳大湾区发展规划纲要**〉的实施意见》中提出“争取国家支持，规划建设广州至河源、深圳至汕尾等高铁项目”。

## ◀隐讳号误用▶

### 100. 隐讳号误作 x 或 X

**用法解析**

“×”是一种标点符号，叫作隐讳号，也叫避讳号、代字号，用来代替不愿或不便写出来的字，写作字母 x、X 都是不正确的。

**媒体用例**

① 催债电话里的声音越来越大，一直试图解释还不上贷款原因的杨明凯，听到这儿终于忍不住爆了一句粗口：“**xxxx**！”

② 故事发生在上海以及一个个以坐标 **xxx**、**xxx** 为代号的地点。故事的男女主人公没有具体的名字，他们分别被称为“男主人公”和“女主人公”，甚至男主人公“有可能是中国人也有可能是欧洲人”。

**修改示例**

① 催债电话里的声音越来越大，一直试图解释还不上贷款原因的杨明凯，听到这儿终于忍不住爆了一句粗口：“××××！”

② 故事发生在上海以及一个个以坐标 ×××、××× 为代号的地点。故事的男女主人公没有具体

的名字，他们分别被称为“男主人公”和“女主人公”，甚至男主人公“有可能是中国人也有可能是欧洲人”。

# 附录

## 标点符号用法*

### 1 范围

本标准规定了现代汉语标点符号的用法。

本标准适用于汉语的书面语（包括汉语和外语混合排版时的汉语部分）。

### 2 术语和定义

下列术语和定义适用于本文件。

**2.1 标点符号 punctuation**

辅助文字记录语言的符号，是书面语的有机组成部分，用来表示语句的停顿、语气以及标示某些成分（主要是词语）的特定性质和作用。

**注：**数学符号、货币符号、校勘符号、辞书符号、注音符号等特殊领域的专门符号不属于标点符号。

---

*2011年12月30日由中华人民共和国国家质量监督检验检疫总局、中国国家标准化管理委员会发布，2012年6月1日起实施的国家标准（标准号：GB/T 15834—2011），代替GB/T 15834—1995。

### 2.2 句子 sentence

前后都有较大停顿、带有一定的语气和语调、表达相对完整意义的语言单位。

### 2.3 复句 complex sentence

由两个或多个在意义上有密切关系的分句组成的语言单位，包括简单复句（内部只有一层语义关系）和多重复句（内部包含多层语义关系）。

### 2.4 分句 clause

复句内两个或多个前后有停顿、表达相对完整意义、不带有句末语气和语调、有的前面可添加关联词语的语言单位。

### 2.5 语段 expression

指语言片段，是对各种语言单位（如词、短语、句子、复句等）不做特别区分时的统称。

## 3 标点符号的种类

### 3.1 点号

点号的作用是点断，主要表示停顿和语气。分为句末点号和句内点号。

#### 3.1.1 句末点号

用于句末的点号，表示句末停顿和句子的语气。包括句号、问号、叹号。

### 3.1.2 句内点号

用于句内的点号，表示句内各种不同性质的停顿。包括逗号、顿号、分号、冒号。

## 3.2 标号

标号的作用是标明，主要标示某些成分（主要是词语）的特定性质和作用。包括引号、括号、破折号、省略号、着重号、连接号、间隔号、书名号、专名号、分隔号。

# 4 标点符号的定义、形式和用法

## 4.1 句号

### 4.1.1 定义

句末点号的一种，主要表示句子的陈述语气。

### 4.1.2 形式

句号的形式是“。”。

### 4.1.3 基本用法

4.1.3.1 用于句子末尾，表示陈述语气。使用句号主要根据语段前后有较大停顿、带有陈述语气和语调，并不取决于句子的长短。

示例 1：北京是中华人民共和国的首都。

示例 2：（甲：咱们走着去吧？）乙：好。

4.1.3.2 有时也可表示较缓和的祈使语气和感叹语气。

示例 1：请您稍等一下。

示例 2：我不由地感到，这些普通劳动者也同样是很值得尊敬的。

## 4.2 问号

### 4.2.1 定义

句末点号的一种，主要表示句子的疑问语气。

### 4.2.2 形式

问号的形式是“？”。

### 4.2.3 基本用法

4.2.3.1 用于句子末尾，表示疑问语气（包括反问、设问等疑问类型）。使用问号主要根据语段前后有较大停顿、带有疑问语气和语调，并不取决于句子的长短。

示例 1：你怎么还不回家去呢？

示例 2：难道这些普通的战士不值得歌颂吗？

示例 3：（一个外国人，不远万里来到中国，帮助中国的抗日战争。）这是什么精神？这是国际主义的精神。

4.2.3.2 选择问句中，通常只在最后一个选项的末尾用问号，各个选项之间一般用逗号隔开。当选项较短且选项之间几乎没有停顿时，选项之间可不用逗号。当选项较多或较长，或有意突出每个选项的独立性时，也可每个选项之后都用问号。

示例1：诗中记述的这场战争究竟是真实的历史描述，还是诗人的虚构？

示例2：这是巧合还是有意安排？

示例3：要一个什么样的结尾：现实主义的？传统的？大团圆的？荒诞的？民族形式的？有象征意义的？

示例4：（他看着我的作品称赞了我。）但到底是称赞我什么：是有几处画得好？还是什么都敢画？抑或只是一种对于失败者的无可奈何的安慰？我不得而知。

示例5：这一切都是由客观的条件造成的？还是由行为的惯性造成的？

4.2.3.3 在多个问句连用或表达疑问语气加重时，可叠用问号。通常应先单用，再叠用，最多叠用三个问号。在没有异常强烈的情感表达需要时不宜叠用问号。

示例：这就是你的做法吗？你这个总经理是怎么当的？？你怎么竟敢这样欺骗消费者？？？

4.2.3.4 问号也有标号的用法，即用于句内，表示存疑或不详。

示例1：马致远（1250？—1321），大都人，元代戏曲家、散曲家。

示例2：钟嵘（？—518），颍川长社人，南朝梁代文学批评家。

示例3：出现这样的文字错误，说明作者（编者？校者？）很不认真。

## 4.3 叹号

### 4.3.1 定义

句末点号的一种，主要表示句子的感叹语气。

### 4.3.2 形式

叹号的形式是“！”。

### 4.3.3 基本用法

4.3.3.1 用于句子末尾，主要表示感叹语气，有时也可表示强烈的祈使语气、反问语气等。使用叹号主要根据语段前后有较大停顿、带有感叹语气和语调或带有强烈的祈使、反问语气和语调，并不取决于句子的长短。

示例1：才一年不见，这孩子都长这么高啦！

示例2：你给我住嘴！

示例3：谁知道他今天是怎么搞的！

4.3.3.2 用于拟声词后，表示声音短促或突然。

示例1：咔嚓！一道闪电划破了夜空。

示例2：咚！咚咚！突然传来一阵急促的敲门声。

4.3.3.3 表示声音巨大或声音不断加大时，可叠用叹号；表达强烈语气时，也可叠用叹号，最多叠用三个叹号。在没有异常强烈的情感表达需要时不宜叠用叹号。

示例 1：轰！！ 在这天崩地塌的声音中，女娲猛然醒来。

示例 2：我要揭露！ 我要控诉！！ 我要以死抗争！！！

4.3.3.4 当句子包含疑问、感叹两种语气且都比较强烈时（如带有强烈感情的反问句和带有惊愕语气的疑问句），可在问号后再加叹号（问号、叹号各一）。

示例 1：这么点困难就能把我们吓倒吗？！

示例 2：他连这些最起码的常识都不懂，还敢说自己是高科技人才？！

## 4.4 逗号

### 4.4.1 定义

句内点号的一种，表示句子或语段内部的一般性停顿。

### 4.4.2 形式

逗号的形式是“，”。

### 4.4.3 基本用法

4.4.3.1 复句内各分句之间的停顿，除了有时用分号（见 4.6.3.1），一般都用逗号。

示例 1：不是人们的意识决定人们的存在，而是人们的社会存在决定人们的意识。

示例 2：学历史使人更明智，学文学使人更聪慧，学数学使人更精细，学考古使人更深沉。

示例 3：要是不相信我们的理论能反映现实，要是不相信我们的世界有内在和谐，那就不可能有科学。

4.4.3.2 用于下列各种语法位置：

a）较长的主语之后。

示例 1：苏州园林建筑各种门窗的精美设计和雕镂功夫，都令人叹为观止。

b）句首的状语之后。

示例 2：在苍茫的大海上，狂风卷集着乌云。

c）较长的宾语之前。

示例 3：有的考古工作者认为，南方古猿生存于上新世至更新世的初期和中期。

d）带句内语气词的主语（或其他成分）之后，或带句内语气词的并列成分之间。

示例 4：他呢，倒是很乐意地、全神贯注地干起来了。

示例 5：（那是个没有月亮的夜晚。）可是整个村子——白房顶啦，白树木啦，雪堆啦，全看得见。

e）较长的主语中间、谓语中间或宾语中间。

示例 6：母亲沉痛的诉说，以及亲眼见到的事实，都启发了我幼年时期追求真理的思想。

示例 7：那姑娘头戴一顶草帽，身穿一条绿色的裙子，腰间还系着一根橙色的腰带。

示例 8：必须懂得，对于文化传统，既不能不分青红皂白统统抛弃，也不能不管精华糟粕全盘继承。

f）前置的谓语之后或后置的状语、定语之前。

示例 9：真美啊，这条蜿蜒的林间小路。

示例 10：她吃力地站了起来，慢慢地。

示例 11：我只是一个人，孤孤单单的。

4.4.3.3　用于下列各种停顿处：

a）复指成分或插说成分前后。

示例 1：老张，就是原来的办公室主任，上星期已经调走了。

示例 2：车，不用说，当然是头等。

b）语气缓和的感叹语、称谓语或呼唤语之后。

示例 3：哎哟，这儿，快给我揉揉。

示例 4：大娘，您到哪儿去啊？

示例 5：喂，你是哪个单位的？

c）某些序次语（“第”字头、“其”字头及“首先”类序次语）之后。

示例 6：为什么许多人都有长不大的感觉呢？原因有三：第一，父母总认为自己比孩子成熟；第二，父母总要以自己的标准来衡量孩子；第三，父母出于爱心而总不想让孩子在成长的过程中走弯路。

示例 7：《玄秘塔碑》所以成为书法的范本，不外乎以下几方面的因素：其一，具有楷书点画、构体的典范性；其二，承上启下，成为唐楷的极致；其三，字如其人，爱人及字，柳公权高尚的书品、人品为后人所崇仰。

示例8：下面从三个方面讲讲语言的污染问题：首先，是特殊语言环境中的语言污染问题；其次，是滥用缩略语引起的语言污染问题；再次，是空话和废话引起的语言污染问题。

## 4.5 顿号

### 4.5.1 定义

句内点号的一种，表示语段中并列词语之间或某些序次语之后的停顿。

### 4.5.2 形式

顿号的形式是“、”。

### 4.5.3 基本用法

4.5.3.1 用于并列词语之间。

示例1：这里有自由、民主、平等、开放的风气和氛围。

示例2：造型科学、技艺精湛、气韵生动，是盛唐石雕的特色。

4.5.3.2 用于需要停顿的重复词语之间。

示例：他几次三番、几次三番地辩解着。

4.5.3.3 用于某些序次语（不带括号的汉字数字或“天干地支”类序次语）之后。

示例1：我准备讲两个问题：一、逻辑学是什么？二、怎样学好逻辑学？

示例2：风格的具体内容主要有以下四点：甲、题材；乙、用字；丙、表达；丁、色彩。

4.5.3.4 相邻或相近两数字连用表示概数通常不用顿号。若相邻两数字连用为缩略形式，宜用顿号。

示例1：飞机在6 000米高空水平飞行时，只能看到两侧八九公里和前方一二十公里范围内的地面。

示例2：这种凶猛的动物常常三五成群地外出觅食和活动。

示例3：农业是国民经济的基础，也是二、三产业的基础。

4.5.3.5 标有引号的并列成分之间、标有书名号的并列成分之间通常不用顿号。若有其他成分插在并列的引号之间或并列的书名号之间（如引语或书名号之后还有括注），宜用顿号。

示例1："日""月"构成"明"字。

示例2：店里挂着"顾客就是上帝""质量就是生命"等横幅。

示例3：《红楼梦》《三国演义》《西游记》《水浒传》，是我国长篇小说的四大名著。

示例4：李白的"白发三千丈"（《秋浦歌》）、"朝如青丝暮成雪"（《将进酒》）都是脍炙人口的诗句。

示例5：办公室里订有《人民日报》（海外版）、

《光明日报》和《时代周刊》等报刊。

## 4.6 分号

### 4.6.1 定义

句内点号的一种，表示复句内部并列关系分句之间的停顿，以及非并列关系的多重复句中第一层分句之间的停顿。

### 4.6.2 形式

分号的形式是“；”。

### 4.6.3 基本用法

4.6.3.1 表示复句内部并列关系的分句（尤其当分句内部还有逗号时）之间的停顿。

示例 1：语言文字的学习，就理解方面说，是得到一种知识；就运用方面说，是养成一种习惯。

示例 2：内容有分量，尽管文章短小，也是有分量的；内容没有分量，即使写得再长也没有用。

4.6.3.2 表示非并列关系的多重复句中第一层分句（主要是选择、转折等关系）之间的停顿。

示例 1：人还没看见，已经先听见歌声了；或者人已经转过山头望不见了，歌声还余音袅袅。

示例 2：尽管人民革命的力量在开始时总是弱小的，所以总是受压的；但是由于革命的力量代表历史发展的方向，因此本质上又是不可战胜的。

示例 3：不管一个人如何伟大，也总是生活在一定的环境和条件下；因此，个人的见解总难免带有某种局限性。

示例 4：昨天夜里下了一场雨，以为可以凉快些；谁知没有凉快下来，反而更热了。

4.6.3.3 用于分项列举的各项之间。

示例：特聘教授的岗位职责为：一、讲授本学科的主干基础课程；二、主持本学科的重大科研项目；三、领导本学科的学术队伍建设；四、带领本学科赶超或保持世界先进水平。

## 4.7 冒号

### 4.7.1 定义

句内点号的一种，表示语段中提示下文或总结上文的停顿。

### 4.7.2 形式

冒号的形式是“：”。

### 4.7.3 基本用法

4.7.3.1 用于总说性或提示性词语（如“说”“例如”“证明”等）之后，表示提示下文。

示例 1：北京紫禁城有四座城门：午门、神武门、东华门和西华门。

示例 2：她高兴地说：“咱们去好好庆祝一下吧！”

示例 3：小王笑着点了点头：“我就是这么

想的。”

示例 4：这一事实证明：人能创造环境，环境同样也能创造人。

4.7.3.2　表示总结上文。

示例：张华上了大学，李萍进了技校，我当了工人：我们都有美好的前途。

4.7.3.3　用在需要说明的词语之后，表示注释和说明。

示例 1：（本市将举办首届大型书市。）主办单位：市文化局；承办单位：市图书进出口公司；时间：8 月 15 日—20 日；地点：市体育馆观众休息厅。

示例 2：（做阅读理解题有两个办法。）办法之一：先读题干，再读原文，带着问题有针对性地读课文。办法之二：直接读原文，读完再做题，减少先入为主的干扰。

4.7.3.4　用于书信、讲话稿中称谓语或称呼语之后。

示例 1：广平先生：……

示例 2：同志们、朋友们：……

4.7.3.5　一个句子内部一般不应套用冒号。在列举式或条文式表述中，如不得不套用冒号时，宜另起段落来显示各个层次。

示例：第十条　遗产按照下列顺序继承：

第一顺序：配偶、子女、父母。

第二顺序：兄弟姐妹、祖父母、外祖父母。

## 4.8 引号

### 4.8.1 定义

标号的一种，标示语段中直接引用的内容或需要特别指出的成分。

### 4.8.2 形式

引号的形式有双引号"“”"和单引号"‘’"两种。左侧的为前引号，右侧的为后引号。

### 4.8.3 基本用法

4.8.3.1 标示语段中直接引用的内容。

示例：李白诗中就有“白发三千丈”这样极尽夸张的语句。

4.8.3.2 标示需要着重论述或强调的内容。

示例：这里所谓的“文”，并不是指文字，而是指文采。

4.8.3.3 标示语段中具有特殊含义而需要特别指出的成分，如别称、简称、反语等。

示例1：电视被称作“第九艺术”。

示例2：人类学上常把古人化石统称为尼安德特人，简称“尼人”。

示例3：有几个“慈祥”的老板把捡来的菜叶用盐浸浸就算作工友的菜肴。

4.8.3.4 当引号中还需要使用引号时，外面一层用双引号，里面一层用单引号。

示例：他问："老师，'七月流火'是什么意思？"

4.8.3.5 独立成段的引文如果只有一段，段首和段尾都用引号；不止一段时，每段开头仅用前引号，只在最后一段末尾用后引号。

示例：我曾在报纸上看到有人这样谈幸福：

"幸福是知道自己喜欢什么和不喜欢什么。……

"幸福是知道自己擅长什么和不擅长什么。……

"幸福是在正确的时间做了正确的选择。……"

4.8.3.6 在书写带月、日的事件、节日或其他特定意义的短语（含简称）时，通常只标引其中的月和日；需要突出和强调该事件或节日本身时，也可连同事件或节日一起标引。

示例1："5·12"汶川大地震

示例2："五四"以来的话剧，是我国戏剧中的新形式。

示例3：纪念"五四运动"90周年

## 4.9 括号

### 4.9.1 定义

标号的一种，标示语段中的注释内容、补充说明或其他特定意义的语句。

#### 4.9.2 形式

括号的主要形式是圆括号“（ ）”，其他形式还有方括号“[ ]”、六角括号“〔 〕”和方头括号“【 】”等。

#### 4.9.3 基本用法

4.9.3.1 标示下列各种情况，均用圆括号：

a）标示注释内容或补充说明。

示例1：我校拥有特级教师（含已退休的）17人。

示例2：我们不但善于破坏一个旧世界，我们还将善于建设一个新世界！（热烈鼓掌）

b）标示订正或补加的文字。

示例3：信纸上用稚嫩的字体写着：“阿夷（姨），你好！”。

示例4：该建筑公司负责的建设工程全部达到优良工程（的标准）。

c）标示序次语。

示例5：语言有三个要素：（1）声音；（2）结构；（3）意义。

示例6：思想有三个条件：（一）事理；（二）心理；（三）伦理。

d）标示引语的出处。

示例7：他说得好：“未画之前，不立一格；既画之后，不留一格。”（《板桥集·题画》）

e）标示汉语拼音注音。

示例 8:“的（de）”这个字在现代汉语中最常用。

4.9.3.2　标示作者国籍或所属朝代时，可用方括号或六角括号。

示例 1:［英］赫胥黎《进化论与伦理学》

示例 2:〔唐〕杜甫著

4.9.3.3　报刊标示电讯、报道的开头，可用方头括号。

示例:【新华社南京消息】

4.9.3.4　标示公文发文字号中的发文年份时，可用六角括号。

示例：国发〔2011〕3 号文件

4.9.3.5　标示被注释的词语时，可用六角括号或方头括号。

示例 1:〔奇观〕奇伟的景象。

示例 2:【爱因斯坦】物理学家。生于德国，1933 年因受纳粹政权迫害，移居美国。

4.9.3.6　除科技书刊中的数学、逻辑公式外，所有括号（特别是同一形式的括号）应尽量避免套用。必须套用括号时，宜采用不同的括号形式配合使用。

示例:〔茸（róng）毛〕很细很细的毛。

## 4.10 破折号

### 4.10.1 定义

标号的一种，标示语段中某些成分的注释、补充说明或语音、意义的变化。

### 4.10.2 形式

破折号的形式是“——”。

### 4.10.3 基本用法

4.10.3.1 标示注释内容或补充说明（也可用括号，见 4.9.3.1；二者的区别另见 B.1.7）。

示例 1：一个矮小而结实的日本中年人——内山老板走了过来。

示例 2：我一直坚持读书，想借此唤起弟妹对生活的希望——无论环境多么困难。

4.10.3.2 标示插入语（也可用逗号，见 4.4.3.3）。

示例：这简直就是——说得不客气点——无耻的勾当！

4.10.3.3 标示总结上文或提示下文（也可用冒号，见 4.7.3.1、4.7.3.2）。

示例 1：坚强，纯洁，严于律己，客观公正——这一切都难得地集中在一个人身上。

示例 2：画家开始娓娓道来——

数年前的一个寒冬，……

4.10.3.4 标示话题的转换。

示例："好香的干菜，——听到风声了吗？"赵七爷低声说道。

4.10.3.5 标示声音的延长。

示例："嘎——"传过来一声水禽被惊动的鸣叫。

4.10.3.6 标示话语的中断或间隔。

示例1："班长他牺——"小马话没说完就大哭起来。

示例2："亲爱的妈妈，你不知道我多爱您。——还有你，我的孩子！"

4.10.3.7 标示引出对话。

示例：——你长大后想成为科学家吗？

——当然想了！

4.10.3.8 标示事项列举分承。

示例：根据研究对象的不同，环境物理学分为以下五个分支学科：

——环境声学；

——环境光学；

——环境热学；

——环境电磁学；

——环境空气动力学。

4.10.3.9 用于副标题之前。

示例：飞向太平洋

——我国新型号运载火箭发射目击记

4.10.3.10 用于引文、注文后，标示作者、出处或注释者。

示例1：先天下之忧而忧，后天下之乐而乐。

——范仲淹

示例2：乐浪海中有倭人，分为百余国。

——《汉书》

示例3：很多人写好信后把信笺折成方胜形，我看大可不必。（方胜，指古代妇女戴的方形首饰，用彩绸等制作，由两个斜方部分叠合而成。——编者注）

### 4.11 省略号

#### 4.11.1 定义

标号的一种，标示语段中某些内容的省略及意义的断续等。

#### 4.11.2 形式

省略号的形式是“……”。

#### 4.11.3 基本用法

4.11.3.1 标示引文的省略。

示例：我们齐声朗诵起来：“……俱往矣，数风流人物，还看今朝。”

4.11.3.2 标示列举或重复词语的省略。

示例1：对政治的敏感，对生活的敏感，对性格的敏感，……这都是作家必须要有的素质。

示例2：他气得连声说：“好，好……算我

没说。”

4.11.3.3　标示语意未尽。

示例1：在人迹罕至的深山密林里，假如突然看见一缕炊烟，……

示例2：你这样干，未免太……！

4.11.3.4　标示说话时断断续续。

示例：她磕磕巴巴地说：“可是……太太……我不知道……你一定是认错了。”

4.11.3.5　标示对话中的沉默不语。

示例：“还没结婚吧？”

“……”他飞红了脸，更加忸怩起来。

4.11.3.6　标示特定的成分虚缺。

示例：只要……就……

4.11.3.7　在标示诗行、段落的省略时，可连用两个省略号（即相当于十二连点）。

示例1：从隔壁房间传来缓缓而抑扬顿挫的吟咏声——

床前明月光，疑是地上霜。

…………

示例2：该刊根据工作质量、上稿数量、参与程度等方面的表现，评选出了高校十佳记者站。还根据发稿数量、提供新闻线索情况以及对刊物的关注度等，评选出了十佳通讯员。

…………

## 4.12 着重号

### 4.12.1 定义

标号的一种，标示语段中某些重要的或需要指明的文字。

### 4.12.2 形式

着重号的形式是“.”，标注在相应文字的下方。

### 4.12.3 基本用法

4.12.3.1 标示语段中重要的文字。

示例 1：诗人需要表现，而不是证明。

示例 2：下面对本文的理解，不正确的一项是：……

4.12.3.2 标示语段中需要指明的文字。

示例：下边加点的字，除了在词中的读法外，还有哪些读法？

着急　子弹　强调

## 4.13 连接号

### 4.13.1 定义

标号的一种，标示某些相关联成分之间的连接。

### 4.13.2 形式

连接号的形式有短横线“-”、一字线“—”和浪纹线“～”三种。

#### 4.13.3 基本用法

4.13.3.1 标示下列各种情况，均用短横线：

a）化合物的名称或表格、插图的编号。

示例 1：3-戊酮为无色液体，对眼及皮肤有强烈刺激性。

示例 2：参见下页表 2-8、表 2-9。

b）连接号码，包括门牌号码、电话号码，以及用阿拉伯数字表示年月日等。

示例 3：安宁里东路 26 号院 3-2-11 室

示例 4：联系电话：010-88842603

示例 5：2011-02-15

c）在复合名词中起连接作用。

示例 6：吐鲁番-哈密盆地

d）某些产品的名称和型号。

示例 7：WZ-10 直升机具有复杂天气和夜间作战的能力。

e）汉语拼音、外来语内部的分合。

示例 8：shuōshuō-xiàoxiào（说说笑笑）

示例 9：盎格鲁-撒克逊人

示例 10：让-雅克·卢梭（“让-雅克”为双名）

示例 11：皮埃尔·孟戴斯-弗朗斯（“孟戴斯-弗朗斯”为复姓）

4.13.3.2 标示下列各种情况，一般用一字线，有时也可用浪纹线：

a）标示相关项目（如时间、地域等）的起止。

示例 1：沈括（1031—1095），宋朝人。

示例 2：2011 年 2 月 3 日—10 日

示例 3：北京—上海特别旅客快车

b）标示数值范围（由阿拉伯数字或汉字数字构成）的起止。

示例 4：25 ～ 30 g

示例 5：第五～八课

## 4.14 间隔号

### 4.14.1 定义

标号的一种，标示某些相关联成分之间的分界。

### 4.14.2 形式

间隔号的形式是“·”。

### 4.14.3 基本用法

4.14.3.1 标示外国人名或少数民族人名内部的分界。

示例 1：克里丝蒂娜·罗塞蒂

示例 2：阿依古丽·买买提

4.14.3.2 标示书名与篇（章、卷）名之间的分界。

示例：《淮南子·本经训》

4.14.3.3 标示词牌、曲牌、诗体名等和题名之间的分界。

示例 1:《沁园春·雪》

示例 2:《天净沙·秋思》

示例 3:《七律·冬云》

4.14.3.4 用在构成标题或栏目名称的并列词语之间。

示例:《天·地·人》

4.14.3.5 以月、日为标志的事件或节日，用汉字数字表示时，只在一、十一和十二月后用间隔号；当直接用阿拉伯数字表示时，月、日之间均用间隔号（半角字符）。

示例 1:“九一八”事变 “五四”运动

示例 2:“一·二八”事变 “一二·九”运动

示例 3:“3·15”消费者权益日 “9·11”恐怖袭击事件

## 4.15 书名号

### 4.15.1 定义

标号的一种，标示语段中出现的各种作品的名称。

### 4.15.2 形式

书名号的形式有双书名号“《 》”和单书名号“〈 〉”两种。

### 4.15.3 基本用法

4.15.3.1 标示书名、卷名、篇名、刊物名、报纸名、文件名等。

示例1:《红楼梦》(书名)

示例2:《史记·项羽本纪》(卷名)

示例3:《论雷峰塔的倒掉》(篇名)

示例4:《每周关注》(刊物名)

示例5:《人民日报》(报纸名)

示例6:《全国农村工作会议纪要》(文件名)

4.15.3.2 标示电影、电视、音乐、诗歌、雕塑等各类用文字、声音、图像等表现的作品的名称。

示例1:《渔光曲》(电影名)

示例2:《追梦录》(电视剧名)

示例3:《勿忘我》(歌曲名)

示例4:《沁园春·雪》(诗词名)

示例5:《东方欲晓》(雕塑名)

示例6:《光与影》(电视节目名)

示例7:《社会广角镜》(栏目名)

示例8:《庄子研究文献数据库》(光盘名)

示例9:《植物生理学系列挂图》(图片名)

4.15.3.3 标示全中文或中文在名称中占主导地位的软件名。

示例:科研人员正在研制《电脑卫士》杀毒软件。

4.15.3.4　标示作品名的简称。

示例：我读了《念青唐古拉山脉纪行》一文（以下简称《念》），收获很大。

4.15.3.5　当书名号中还需要书名号时，里面一层用单书名号，外面一层用双书名号。

示例：《教育部关于提请审议〈高等教育自学考试试行办法〉的报告》

## 4.16　专名号

### 4.16.1　定义

标号的一种，标示古籍和某些文史类著作中出现的特定类专有名词。

### 4.16.2　形式

专名号的形式是一条直线，标注在相应文字的下方。

### 4.16.3　基本用法

4.16.3.1　标示古籍、古籍引文或某些文史类著作中出现的专有名词，主要包括人名、地名、国名、民族名、朝代名、年号、宗教名、官署名、组织名等。

示例 1：孙坚人马被刘表率军围得水泄不通。（人名）

示例 2：于是聚集冀、青、幽、并四州兵马七十多万准备决一死战。（地名）

示例3：当时乌孙及西域各国都向汉派遣了使节。（国名、朝代名）

示例4：如咸宁二年到太康十年，匈奴、鲜卑、乌桓等族人徙居塞内。（年号、民族名）

4.16.3.2 现代汉语文本中的上述专有名词，以及古籍和现代文本中的单位名、官职名、事件名、会议名、书名等不应使用专名号。必须使用标号标示时，宜使用其他相应标号（如引号、书名号等）。

## 4.17 分隔号

### 4.17.1 定义

标号的一种，标示诗行、节拍及某些相关文字的分隔。

### 4.17.2 形式

分隔号的形式是“/”。

### 4.17.3 基本用法

4.17.3.1 诗歌接排时分隔诗行（也可使用逗号和分号，见4.4.3.1/4.6.3.1）。

示例：春眠不觉晓/处处闻啼鸟/夜来风雨声/花落知多少。

4.17.3.2 标示诗文中的音节节拍。

示例：横眉/冷对/千夫指，俯首/甘为/孺子牛。

4.17.3.3 分隔供选择或可转换的两项，表示“或”。

示例：动词短语中除了作为主体成分的述语动词之外，还包括述语动词所带的宾语和 / 或补语。

4.17.3.4 分隔组成一对的两项，表示“和”。

示例 1：13/14 次特别快车

示例 2：羽毛球女双决赛中国组合杜婧 / 于洋两局完胜韩国名将李孝贞 / 李敬元。

4.17.3.5 分隔层级或类别。

示例：我国的行政区划分为：省（直辖市、自治区）/ 省辖市（地级市）/ 县（县级市、区、自治州）/ 乡（镇）/ 村（居委会）。

## 5 标点符号的位置和书写形式

### 5.1 横排文稿标点符号的位置和书写形式

5.1.1 句号、逗号、顿号、分号、冒号均置于相应文字之后，占一个字位置，居左下，不出现在一行之首。

5.1.2 问号、叹号均置于相应文字之后，占一个字位置，居左，不出现在一行之首。两个问号（或叹号）叠用时，占一个字位置；三个问号（或叹号）叠用时，占两个字位置；问号和叹号连用时，占一个字位置。

5.1.3 引号、括号、书名号中的两部分标在相应项目的两端，各占一个字位置。其中前一半不出现在一行之末，后一半不出现在一行之首。

5.1.4 破折号标在相应项目之间，占两个字位置，上下居中，不能中间断开分处上行之末和下行之首。

5.1.5　省略号占两个字位置，两个省略号连用时占四个字位置并须单独占一行。省略号不能中间断开分处上行之末和下行之首。

5.1.6　连接号中的短横线比汉字“一”略短，占半个字位置；一字线比汉字“一”略长，占一个字位置；浪纹线占一个字位置。连接号上下居中，不出现在一行之首。

5.1.7　间隔号标在需要隔开的项目之间，占半个字位置，上下居中，不出现在一行之首。

5.1.8　着重号和专名号标在相应文字的下边。

5.1.9　分隔号占半个字位置，不出现在一行之首或一行之末。

5.1.10　标点符号排在一行末尾时，若为全角字符则应占半角字符的宽度（即半个字位置），以使视觉效果更美观。

5.1.11　在实际编辑出版工作中，为排版美观、方便阅读等需要，或为避免某一小节最后一个汉字转行或出现在另外一页开头等情况（浪费版面及视觉效果差），可适当压缩标点符号所占用的空间。

## 5.2　竖排文稿标点符号的位置和书写形式

5.2.1　句号、问号、叹号、逗号、顿号、分号和冒号均置于相应文字之下偏右。

5.2.2 破折号、省略号、连接号、间隔号和分隔号置于相应文字之下居中，上下方向排列。

5.2.3 引号改用双引号“﹃”“﹄”和单引号“﹁”“﹂”，括号改用“︵”“︶”，标在相应项目的上下。

5.2.4 竖排文稿中使用浪线式书名号“﹏”，标在相应文字的左侧。

5.2.5 着重号标在相应文字的右侧，专名号标在相应文字的左侧。

5.2.6 横排文稿中关于某些标点不能居行首或行末的要求，同样适用于竖排文稿。

## 附录A（规范性附录）：标点符号用法的补充规则

### A.1 句号用法补充规则

图或表的短语式说明文字，中间可用逗号，但末尾不用句号。即使有时说明文字较长，前面的语段已出现句号，最后结尾处仍不用句号。

示例1：行进中的学生方队

示例2：经过治理，本市市容市貌焕然一新。这是某区街道一景

### A.2 问号用法补充规则

使用问号应以句子表示疑问语气为依据，而并不根据句子中包含有疑问词。当含有疑问词的语段充当某种句子成分，而句子并不表示疑问语气时，句末不用问号。

示例1：他们的行为举止、审美趣味，甚至读什么书，坐什么车，都在媒体掌握之中。

示例2：谁也不见，什么也不吃，哪儿也不去。

示例3：我也不知道他究竟躲到什么地方去了。

### A.3 逗号用法补充规则

用顿号表示较长、较多或较复杂的并列成分

之间的停顿时，最后一个成分前可用“以及（及）”进行连接，“以及（及）”之前应用逗号。

示例：压力过大、工作时间过长、作息不规律，以及忽视营养均衡等，均会导致健康状况的下降。

## A.4 顿号用法补充规则

A.4.1 表示含有顺序关系的并列各项间的停顿，用顿号，不用逗号。下例解释“对于”一词用法，“人”“事物”“行为”之间有顺序关系（即人和人、人和事物、人和行为、事物和事物、事物和行为、行为和行为等六种对待关系），各项之间应用顿号。

示例：〔对于〕表示人，事物，行为之间的相互对待关系。（误）

〔对于〕表示人、事物、行为之间的相互对待关系。（正）

A.4.2 用阿拉伯数字表示年月日的简写形式时，用短横线连接号，不用顿号。

示例：2010、03、02（误）

2010–03–02（正）

## A.5 分号用法补充规则

分项列举的各项有一项或多项已包含句号时，各项的末尾不能再用分号。

示例：本市先后建立起三大农业生产体系：一

是建立甘蔗生产服务体系。成立糖业服务公司，主要给农民提供机耕等服务；二是建立蚕桑生产服务体系。……；三是建立热作服务体系。……。（误）

本市先后建立起三大农业生产体系：一是建立甘蔗生产服务体系。成立糖业服务公司，主要给农民提供机耕等服务。二是建立蚕桑生产服务体系。……。三是建立热作服务体系。……。（正）

## A.6 冒号用法补充规则

A.6.1 冒号用在提示性话语之后引起下文。表面上类似但实际不是提示性话语的，其后用逗号。

示例 1：郦道元《水经注》记载："沼西际山枕水，有唐叔虞祠。"（提示性话语）

示例 2：据《苏州府志》载，苏州城内大小园林约有 150 多座，可算名副其实的园林之城。（非提示性话语）

A.6.2 冒号提示范围无论大小（一句话、几句话甚至几段话），都应与提示性话语保持一致（即在该范围的末尾要用句号点断）。应避免冒号涵盖范围过窄或过宽。

示例：艾滋病有三个传播途径：血液传播，性传播和母婴传播，日常接触是不会传播艾滋病的。（误）

艾滋病有三个传播途径：血液传播，性传播和母婴传播。日常接触是不会传播艾滋病的。（正）

A.6.3 冒号应用在有停顿处，无停顿处不应用冒号。

示例1：他头也不抬，冷冷地问："你叫什么名字？"（有停顿）

示例2：这事你得拿主意，光说"不知道"怎么行？（无停顿）

## A.7 引号用法补充规则

"丛刊""文库""系列""书系"等作为系列著作的选题名，宜用引号标引。当"丛刊"等为选题名的一部分时，放在引号之内，反之则放在引号之外。

示例1："汉译世界学术名著丛书"

示例2："中国哲学典籍文库"

示例3："20世纪心理学通览"丛书

## A.8 括号用法补充规则

括号可分为句内括号和句外括号。句内括号用于注释句子里的某些词语，即本身就是句子的一部分，应紧跟在被注释的词语之后。句外括号则用于注释句子、句群或段落，即本身结构独立，不属于前面的句子、句群或段落，应位于所注释语段的句末点号之后。

示例：标点符号是辅助文字记录语言的符号，是书面语的有机组成部分，用来表示语句的停顿、语气以及标示某些成分（主要是词语）的特定性质和作用。（数学符号、货币符号、校勘符号等特殊领域的专门符号不属于标点符号。）

## A.9 省略号用法补充规则

A.9.1 不能用多于两个省略号（多于 12 点）连在一起表示省略。省略号须与多点连续的连珠号相区别（后者主要是用于表示目录中标题和页码对应和连接的专门符号）。

A.9.2 省略号和“等”“等等”“什么的”等词语不能同时使用。在需要读出来的地方用“等”“等等”“什么的”等词语，不用省略号。

示例：含有铁质的食物有猪肝、大豆、油菜、菠菜……等。（误）

含有铁质的食物有猪肝、大豆、油菜、菠菜等。（正）

## A.10 着重号用法补充规则

不应使用文字下加直线或波浪线等形式表示着重。文字下加直线为专名号形式（4.16）；文字下加浪纹线是特殊书名号（A.13.6）。着重号的形式统一为相应项目下加小圆点。

示例：下面对本文的理解，<u>不正确</u>的一项是（误）

下面对本文的理解，不正确的一项是（正）

## A.11 连接号用法补充规则

浪纹线连接号用于标示数值范围时，在不引起歧义的情况下，前一数值附加符号或计量单位可省略。

示例：5 公斤～100 公斤（正）

5～100 公斤（正）

## A.12 间隔号用法补充规则

当并列短语构成的标题中已用间隔号隔开时，不应再用“和”类连词。

示例：《水星·火星和金星》（误）

《水星·火星·金星》（正）

## A.13 书名号用法补充规则

A.13.1 不能视为作品的课程、课题、奖品奖状、商标、证照、组织机构、会议、活动等名称，不应用书名号。下面均为书名号误用的示例：

示例 1：下学期本中心将开设《现代企业财务管理》《市场营销》两门课程。

示例 2：明天将召开《关于“两保两挂”的多视觉理论思考》课题立项会。

示例 3：本市将向 70 岁以上（含 70 岁）老年人颁发《敬老证》。

示例 4：本校共获得《最佳印象》《自我审美》《卡拉 OK》等六个奖杯。

示例 5:《闪光》牌电池经久耐用。

示例 6:《文史杂志社》编辑力量比较雄厚。

示例 7：本市将召开《全国食用天然色素应用研讨会》。

示例 8：本报将于今年暑假举行《墨宝杯》书法大赛。

A.13.2 有的名称应根据指称意义的不同确定是否用书名号。如文艺晚会指一项活动时，不用书名号；而特指一种节目名称时，可用书名号。再如展览作为一种文化传播的组织形式时，不用书名号；特定情况下将某项展览作为一种创作的作品时，可用书名号。

示例 1：2008 年重阳联欢晚会受到观众的称赞和好评。

示例 2：本台将重播《2008 年重阳联欢晚会》。

示例 3:“雪域明珠——中国西藏文化展”今天隆重开幕。

示例 4:《大地飞歌艺术展》是一部大型现代艺术作品。

A.13.3 书名后面表示该作品所属类别的普通名词不标在书名号内。

示例:《我们》杂志

A.13.4 书名有时带有括注。如果括注是书名、篇名等的一部分，应放在书名号之内，反之则应放在书名号之外。

示例 1:《琵琶行(并序)》

示例 2:《中华人民共和国民事诉讼法(试行)》

示例 3:《新政治协商会议筹备会组织条例(草案)》

示例 4:《百科知识》(彩图本)

示例 5:《人民日报》(海外版)

A.13.5 书名、篇名末尾如有叹号或问号，应放在书名号之内。

示例 1:《日记何罪！》

示例 2:《如何做到同工又同酬？》

A.13.6 在古籍或某些文史类著作中，为与专名号配合，书名号也可改用浪线式“﹏”，标注在书名下方。这可以看作是特殊的专名号或特殊的书名号。

## A.14 分隔号用法补充规则

分隔号又称正斜线号，须与反斜线号“\”相区别(后者主要是用于编写计算机程序的专门符号)。使用分隔号时，紧贴着分隔号的前后通常不用点号。

## 附录 B（资料性附录）：标点符号若干用法的说明

### B.1 易混标点符号用法比较

B.1.1 逗号、顿号表示并列词语之间停顿的区别

逗号和顿号都表示停顿，但逗号表示的停顿长，顿号表示的停顿短。并列词语之间的停顿一般用顿号，但当并列词语较长或其后有语气词时，为了表示稍长一点的停顿，也可用逗号。

示例 1：我喜欢吃的水果有苹果、桃子、香蕉和菠萝。

示例 2：我们需要了解全局和局部的统一，必然和偶然的统一，本质和现象的统一。

示例 3：看游记最难弄清位置和方向，前啊，后啊，左啊，右啊，看了半天，还是不明白。

B.1.2 逗号、顿号在表列举省略的"等""等等"之类词语前的使用

并列成分之间用顿号，末尾的并列成分之后用"等""等等"之类词语时，"等"类词前不用顿号或其他点号；并列成分之间用逗号，末尾的并列成分之后用"等"类词时，"等"类词前应用逗号。

示例 1：现代生物学、物理学、化学、数学等基础科学的发展，带动了医学科学的进步。

示例 2：写文章前要想好：文章主题是什么，用哪些材料，哪些详写，哪些略写，等等。

B.1.3 逗号、分号表示分句间停顿的区别

当复句的表述不复杂、层次不多，相连的分句语气比较紧凑、分句内部也没有使用逗号表示停顿时，分句间的停顿多用逗号。当用逗号不易分清多重复句内部的层次（如分句内部已有逗号），而用句号又可能割裂前后关系的地方，应用分号表示停顿。

示例1：她拿起钥匙，开了箱上的锁，又开了首饰盒上的锁，往老地方放钱。

示例2：纵比，即以一事物的各个发展阶段作比；横比，则以此事物与彼事物相比。

B.1.4 顿号、逗号、分号在标示层次关系时的区别

句内点号中，顿号表示的停顿最短、层次最低，通常只能表示并列词语之间的停顿；分号表示的停顿最长、层次最高，可以用来表示复句的第一层分句之间的停顿；逗号介于两者之间，既可表示并列词语之间的停顿，也可表示复句中分句之间的停顿。若分句内部已用逗号，分句之间就应用分号（见B.1.3示例2）。用分号隔开的几个并列分句不能由逗号统领或总结。

示例1：有的学会烤烟，自己做挺讲究的纸烟和雪茄；有的学会蔬菜加工，做的番茄酱能吃到冬天；有的学会蔬菜腌渍、窖藏，使秋菜接上春菜。

示例2：动物吃植物的方式多种多样，有的是把整个植物吃掉，如原生动物；有的是把植物的大

部分吃掉，如鼠类；有的是吃掉植物的要害部位，如鸟类吃掉植物的嫩芽。(误)。

动物吃植物的方式多种多样：有的是把整个植物吃掉，如原生动物；有的是把植物的大部分吃掉，如鼠类；有的是吃掉植物的要害部位，如鸟类吃掉植物的嫩芽。(正)。

B.1.5 冒号、逗号用于“说”“道”之类词语后的区别

位于引文之前的“说”“道”后用冒号。位于引文之后的“说”“道”分两种情况：处于句末时，其后用句号；“说”“道”后还有其他成分时，其后用逗号。插在话语中间的“说”“道”类词语后只能用逗号表示停顿。

示例 1：他说：“晚上就来家里吃饭吧。”

示例 2：“我真的很期待。”他说。

示例 3：“我有件事忘了说……”他说，表情有点为难。

示例 4：“现在请皇上脱下衣服，”两个骗子说，“好让我们为您换上新衣。”

B.1.6 不同点号表示停顿长短的排序

各种点号都表示说话时的停顿。句号、问号、叹号都表示句子完结，停顿最长。分号用于复句的分句之间，停顿长度介于句末点号和逗号之间，而短于冒号。逗号表示一句话中间的停顿，又短于分号。顿号用于并列词语之间，停顿最短。通常情况

下，各种点号表示的停顿由长到短为：句号＝问号＝叹号＞冒号（指涵盖范围为一句话的冒号）＞分号＞逗号＞顿号。

### B.1.7　破折号与括号表示注释或补充说明时的区别

破折号用于表示比较重要的解释说明，这种补充是正文的一部分，可与前后文连读；而括号表示比较一般的解释说明，只是注释而非正文，可不与前后文连读。

示例 1：在今年——农历虎年，必须取得比去年更大的成绩。

示例 2：哈雷在牛顿思想的启发下，终于认出了他所关注的彗星（该星后人称为哈雷彗星）。

### B.1.8　书名号、引号在“题为……”“以……为题”格式中的使用

“题为……”“以……为题”中的“题”，如果是诗文、图书、报告或其他作品可作为篇名、书名看待时，可用书名号；如果是写作、科研、辩论、谈话的主题，非特定作品的标题，应用引号。即“题为……”“以……为题”中的“题”应根据其类别分别按书名号和引号的用法处理。

示例 1：有篇题为《柳宗元的诗》的文章，全文才 2 000 字，引文不实却达 11 处之多。

示例 2：今天一个以“地球·人口·资源·环境”为题的大型宣传活动在此间举行。

示例 3:《我的老师》写于 1956 年 9 月，是作

者应《教师报》之约而写的。

示例4:“我的老师”这类题目，同学们也许都写过。

## B.2 两个标点符号连用的说明

### B.2.1 行文中表示引用的引号内外的标点用法

当引文完整且独立使用，或虽不独立使用但带有问号或叹号时，引号内句末点号应保留。除此之外，引号内不用句末点号。当引文处于句子停顿处（包括句子末尾）且引号内未使用点号时，引号外应使用点号；当引文位于非停顿处或者引号内已使用句末点号时，引号外不用点号。

示例1:“沉舟侧畔千帆过，病树前头万木春。”他最喜欢这两句诗。

示例2：书价上涨令许多读者难以接受，有些人甚至发出“还买得起书吗？”的疑问。

示例3：他以“条件还不成熟，准备还不充分”为由，否决了我们的提议。

示例4：你这样“明日复明日”地要拖到什么时候？

示例5：司马迁为了完成《史记》的写作，使之“藏之名山”，忍受了人间最大的侮辱。

示例6：在施工中要始终坚持“把质量当生命”。

示例7:“言之无文，行而不远”这句话，说明了文采的重要。

示例8：俗话说："墙头一根草，风吹两边倒。"用这句话来形容此辈再恰当不过。

B.2.2 行文中括号内外的标点用法

括号内行文末尾需要时可用问号、叹号和省略号。除此之外，句内括号行文末尾通常不用标点符号。句外括号行文末尾是否用句号由括号内的语段结构决定：若语段较长、内容复杂，应用句号。句内括号外是否用点号取决于括号所处位置：若句内括号处于句子停顿处，应用点号。句外括号外通常不用点号。

示例1：如果不采取（但应如何采取呢？）十分具体的控制措施，事态将进一步扩大。

示例2：3分钟过去了（仅仅才3分钟！），从眼前穿梭而过的出租车竟达32辆！

示例3：她介绍时用了一连串比喻（有的状如树枝，有的貌似星海……），非常形象。

示例4：科技协作合同（包括科研、试制、成果推广等）根据上级主管部门或有关部门的计划签订。

示例5：应把夏朝看作原始公社向奴隶制国家过渡时期。（龙山文化遗址里，也有俯身葬。俯身者很可能就是奴隶。）

示例6：问：你对你不喜欢的上司是什么态度？

答：感情上疏远，组织上服从。（掌声，笑声）

示例7：古汉语（特别是上古汉语），对于我来说，有着常人无法想象的吸引力。

示例8：由于这种推断尚未经过实践的考验，我们只能把它作为假设（或假说）提出来。

示例9：人际交往过程就是使用语词传达意义的过程。（严格说，这里的“语词”应为语词指号。）

B.2.3 破折号前后的标点用法

破折号之前通常不用点号；但根据句子结构和行文需要，有时也可分别使用句内点号或句末点号。破折号之后通常不会紧跟着使用其他点号；但当破折号表示语音的停顿或延长时，根据语气表达的需要，其后可紧接问号或叹号。

示例1：小妹说：“我现在工作得挺好，老板对我不错，工资也挺高。——我能抽支烟吗？”（表示话题的转折）

示例2：我不是自然主义者，我主张文学高于现实，能够稍稍居高临下地去看现实，因为文学的任务不仅在于反映现实。光描写现存的事物还不够，还必须记住我们所希望的和可能产生的事物。必须使现象典型化。应该把微小而有代表性的事物写成重大的和典型的事物。——这就是文学的任务。（表示对前几句话的总结）

示例3：“是他——？”石一川简直不敢相信自

己的耳朵。

示例 4:“我终于考上大学啦!我终于考上啦——!”金石开兴奋得快要晕过去了。

B.2.4　省略号前后的标点用法

省略号之前通常不用点号。以下两种情况例外：省略号前的句子表示强烈语气、句末使用问号或叹号时；省略号前不用点号就无法标示停顿或表明结构关系时。省略号之后通常也不用点号，但当句末表达强烈的语气或感情时，可在省略号后用问号或叹号；当省略号后还有别的话、省略的文字和后面的话不连续且有停顿时，应在省略号后用点号；当表示特定格式的成分虚缺时，省略号后可用点号。

示例 1：想起这些，我就觉得一辈子都对不起你。你对梁家的好，我感激不尽！……

示例 2：他进来了，……一身军装，一张朴实的脸，站在我们面前显得很高大，很年轻。

示例 3：这，这是……？

示例 4：动物界的规矩比人类还多，野骆驼、野猪、黄羊……，直至塔里木兔、跳鼠，都是各行其路，决不混淆。

示例 5：大火被渐渐扑灭，但一片片油污又旋即出现在遇难船旁……。清污船迅速赶来，并施放围栏以控制油污。

示例 6：如果……，那么……。

## B.3 序次语之后的标点用法

B.3.1 “第”“其”字头序次语，或“首先”“其次”“最后”等做序次语时，后用逗号（见 4.4.3.3）。

B.3.2 不带括号的汉字数字或“天干地支”做序次语时，后用顿号（见 4.5.3.2）。

B.3.3 不带括号的阿拉伯数字、拉丁字母或罗马数字做序次语时，后面用下脚点（该符号属于外文的标点符号）。

示例 1：总之，语言的社会功能有三点：1. 传递信息，交流思想；2. 确定关系，调节关系；3. 组织生活，组织生产。

示例 2：本课一共讲解三个要点：A. 生理停顿；B. 逻辑停顿；C. 语法停顿。

B.3.4 加括号的序次语后面不用任何点号。

示例 1：受教育者应履行以下义务：（一）遵守法律、法规；（二）努力学习，完成规定的学习任务；（三）遵守所在学校或其他教育机构的制度。

示例 2：科学家很重视下面几种才能：（1）想象力；（2）直觉的理解力；（3）数学能力。

B.3.5 阿拉伯数字与下脚点结合表示章节关系的序次语末尾不用任何点号。

示例：3　停顿

3.1　生理停顿

3.2　逻辑停顿

B.3.6 用于章节、条款的序次语后宜用空格表示停顿。

示例：第一课　春天来了

B.3.7　序次简单、叙述性较强的序次语后不用标点符号。

示例：语言的社会功能共有三点：一是传递信息；二是确定关系；三是组织生活。

B.3.8　同类数字形式的序次语，带括号的通常位于不带括号的下一层。通常第一层是带有顿号的汉字数字；第二层是带括号的汉字数字；第三层是带下脚点的阿拉伯数字；第四层是带括号的阿拉伯数字；再往下可以是带圈的阿拉伯数字或小写拉丁字母。一般可根据文章特点选择从某一层序次语开始行文，选定之后应顺着序次语的层次向下行文，但使用层次较低的序次语之后不宜反过来再使用层次更高的序次语。

示例：一、……

（一）……

1. ……

（1）……

①/a. ……

## B.4　文章标题的标点用法

文章标题的末尾通常不用标点符号，但有时根据需要可用问号、叹号或省略号。

示例 1：看看电脑会有多聪明，让它下盘围

棋吧

示例2：猛龙过江：本店特色名菜

示例3：严防“电脑黄毒”危害少年

示例4：回家的感觉真好

——访大赛归来的本市运动员

示例5：里海是湖，还是海？

示例6：人体也是污染源！

示例7：和平协议签署之后……